人力资源管理研究

时小燕 ◎ 著

吉林出版集团股份有限公司

图书在版编目（CIP）数据

人力资源管理研究 / 时小燕著. — 长春 ：吉林出版集团股份有限公司，2023.6
ISBN 978-7-5731-3364-9

Ⅰ．①人… Ⅱ．①时… Ⅲ．①人力资源管理—研究 Ⅳ．①F240

中国国家版本馆CIP数据核字（2023）第101383号

人力资源管理研究
RENLI ZIYUAN GUANLI YANJIU

著　　者	时小燕
责任编辑	滕　林
封面设计	林　吉
开　　本	787mm×1092mm　　1/16
字　　数	233千
印　　张	11
版　　次	2023年6月第1版
印　　次	2024年1月第1次印刷
出版发行	吉林出版集团股份有限公司
电　　话	总编办：010-63109269
	发行部：010-63109269
印　　刷	廊坊市广阳区九洲印刷厂

ISBN 978-7-5731-3364-9　　　　　　　　　　　　定价：78.00元

版权所有　侵权必究

前　言

在市场经济体制改革的进程中，人力资源管理一直是一个非常受到重视的问题，这一管理环节对体现内部管理机制的指导作用及优势具有非常重要的意义。因此，高校要对其进行重新的管理思维，始终保持人力资源管理的重要方向，将对时代发展趋势的分析及研究作为切入点，对传统的管理模式和管理策略进行变革，从而达到对人力资源的合理配置和使用，从而保证自身可以获得更多的竞争优势。在新时期，人力资源管理在内容和形式上都发生了巨大的改变，因此，高校管理层必须要与人力资源管理改革的核心要求相结合，根据对知识型、技能型人才的要求来进行培养，对各种影响因素进行全面的考量，为人才的成长与发展创造一个良好的外部空间与环境，唯有如此，才能在高质量发展的形势下充分发挥出人力资源管理的实质作用与优势。

人力资源管理是一项系统性的工作，它所包含的内容及形式都是较为复杂的，在新的时代背景下，人力资源管理在内容及形式上都发生了巨大的改变，它可以充分地反映出时代发展的趋势及要求，从而为高校提供更多的竞争优势和机遇。首先，在人才的理念上，发生了一场战略上的变化，以往的人才管理，都是以战略上的分析和研究为主，忽视了人才的大局观，这不但限制了高校的发展，而且还造成了大量的人才流失。在新的时期，很多高校已经认识到了人力资源管理对于组织发展的重要价值和影响，并主动强化了人力资源管理与其他管理工作的结合，以总体目标为中心，进行有针对性的调整和突破，确保这一工作可以与行政和运营工作相独立，进而更好地推动管理资源的合理分配和使用。

为使这本书更具学术性和严谨性，作者在撰写这本书的时候，参考了很多的文献，还援引了诸多专家和学者们的研究结果，在这里我要表达我最真诚的谢意。因时间紧迫，作者能力所限，文章中不免有些疏漏，还请大家多多批评，并给予指正。

作者

序 言

目 录

第一章 高校人力资源概论 ... 1
 第一节 高校人力资源特征 ... 1
 第二节 高校人力资源管理机制 ... 5
 第三节 高校人力资源管理策略 ... 7

第二章 高校人力资源管理现状分析 ... 11
 第一节 高校人力资源管理的现状、问题及分析 ... 11
 第二节 加强高校人力资源管理的重要性和紧迫性 ... 18

第三章 高校人力资源管理激励机制 ... 27
 第一节 高校人力资源激励基本理论概述 ... 27
 第二节 高校人力资源激励的基本原则 ... 39
 第三节 高校人力资源激励的方法 ... 42
 第四节 高校人力资源激励的模式 ... 65

第四章 高校人力资源的人本管理 ... 72
 第一节 高校人力资源人本管理的理性检视 ... 72
 第二节 实行人本管理是高校管理改革的必然选择 ... 81

第五章 高校教师队伍结构 ... 95
 第一节 高校教师队伍结构概述 ... 95
 第二节 高校教师队伍结构的优化 ... 100

第六章 高校人力资源管理的创新探索 ... 107
 第一节 高校人力资源管理的创新途径 ... 107
 第二节 双高计划与高校人力资源管理 ... 114
 第三节 知识经济与高校人力资源管理 ... 121
 第四节 高质量发展与高校教师数字胜任力提升 ... 123

  第五节　高校人力资源管理文化建设…………………………………………131

  第六节　高校人力资源管理信息化建设…………………………………………133

第七章　高校用人制度改革探索……………………………………………………137

  第一节　高校职员制改革面临的困难与问题……………………………………137

  第二节　探索高校多元用人模式的实践与对策…………………………………139

第八章　高校师资队伍建设…………………………………………………………145

  第一节　高校青年人才队伍的目标管理…………………………………………145

  第二节　高校高层次人才队伍的目标管理………………………………………148

  第三节　高校"双师型"人才队伍的目标管理…………………………………156

  第四节　高校师资培训工作现状与发展建议……………………………………165

参考文献………………………………………………………………………………169

第一章 高校人力资源概论

第一节 高校人力资源特征

"人力资源",也被称为"劳动力资源",是一种在某一特定区域中,人们所拥有的劳动能力的总和。"人"是指所有能够为人类社会生产出物质、精神财富并对人类社会起到积极作用的人。所谓"人力资源",就是要有意识地发现、有效地开发、合理地使用和科学地分配"人力",并以某种方式激发人们的工作热情,发掘人们的潜力,充分地利用人们的创造性,从而达到对社会的最大效用。美国经济学者弗希尔在20世纪初期首先提出了"人才"这一理念,直到上个世纪60年代,人才开始受到重视。在过去的20多年里,高校的人事工作取得了长足的进步。

所谓"HR"(Human Resources),就是指那些具备一定科研、创新和经营能力的人。高等学校的人才结构包括教学科研人员、管理人员和后勤人员三个方面。大学的人才结构以知识型人才为中心,以服务性人才和退休者为辅助,以科研工作者为主要力量。高校人力资源管理是一种持续地获得高质量的人才,将他们的人才融入到高校的各种工作中,并激发出教师们对高校事业的积极性、主动性和创造性,挖掘他们的潜力,从而达到学校发展的目的的所有活动和过程。大学教师队伍建设的核心是教师队伍建设。从20世纪90年代开始,越来越多的管理者开始关注大学人才的发展与管理。

人才的特点是:时间性,能动性,持续性,多样性。人才是一种动态的资源,它是一种高附加值的资源,它不可能被存储起来,它的才能会有一个被充分利用的最好年龄,所以它一定要被适时地挖掘出来。人才需要不断地投入、不断地维护、不断地提升,以维持它的价值。人才是资金的一部分。在美国芝加哥大学的舒尔茨博士看来,人对于一个国家的经济发展与社会的发展起着举足轻重的作用。"人力"(包含人类的知识、技术)是一种"投资",但不是所有的"人才"都具有"价值",而具有"技术"等特征的人才则具有更高的价值,从而成为一种"资本",也就是"人才资本"。这就是为什么美国经济学者哈比森会说:"人才是一个国家的根本财产。"[1]现代管理学巨匠托巴斯·彼得斯曾说过:"一个高校或者一个职业的唯一真实的资本就是人,而管理则是对人的全面发展,使之更好地发挥作用。"[2]它体现了"以人为本"的思想实质。

在"人力资源""经济资源""物质资源"和"信息资源"中,"人力资源"最为关键。在传统的人事管理中,"以事情为本",而在现代的人才开发与管理中,则是以"人"为本,它是指为了达到一定的目的,一个高校通过运用现代化的科学技术与管理原理,持续获取人才,并对人才进行整合、规范、开发与利用。人的发展既有物质上的投入,也有精神上的投入。在知识经济时期,对人力资源进行管理,就是要把经济学与管理学的原理有机地融合起来,也就是把传统的人事管理与经济学的原理有机地融合起来,把价值管理作为其主要内容,使其发挥出最大的作用,创造出一种多元化、人性化、柔性化、制度化的管理方式,并创造出一种轻松的工作环境。人力资源向人力资本的转化,是一种特定的产品,是一种对其智力、技能和体力的转化。"投资"是把人与人之间区分开来的一个重要因素。它具有产权属性、社会属性、专门性、组织依赖性、资产价值属性、创造性、流动性、不可替代性、不可监管性等特点。

大学人才的特点是:

第一个是动力。在教育、教学、科研活动中,大学的人才发挥着积极的引导作用,他们具有很强的自我意识,能够积极地寻求获得更高水平教育的机遇,并能够以创新的方式进行工作。

第二个属性是智慧。在认识和理解客观事物并运用知识和经验来解决问题方面,大学人才具有很好的综合素质,具体包括:记忆力、观察力、想象力、判断力和创造力。

第三个方面是连贯性。人才的利用是指人才的一次开发和二次开发。体现在投运后,按照"不适应—适应—发展—再适应"的轨道,构成了一个适应、不适应和发展的循环。

第四是关于时间的问题。大学人才是一种活着的资源,大学人才的形成、开发与利用都有一定的时效性,必须把握好时机和时机进行培养与开发。调查显示,一个人在毕业 4 到 5 年的时间里,正处在职业生涯的摸索阶段,寻求未来的发展方向。之后便逐渐步入了积极的工作状态,能够独自从事教育与研究工作,进步非常迅速。

---

[1] 哈比森. C 语言参考手册(第 5 版)[M]. 北京:机械工业出版社,2008.
[2] 彼得斯,奥斯丁. 领导艺术[M]. 朱葆琛,译. 北京:科学普及出版社,1987.

一个人在30到50之间的黄金年龄是在有创造力的工作中。在55岁之后,创造力下降,变得越来越老练。他现在正值壮年,对新的知识的需求更大,他的资金消耗很大,他的资金也很紧张。

第五是双重属性。大学的人力资源,一方面可以对自己的人力资本进行培育,让自己能够得到资金,从而变成一名优秀的人才。另一方面,它也可以作为人力资本的消费者,利用自己已经得到的人力资本,来对受教育者的人力资本进行培育。人力资本的开发和使用,首先是生产,然后是消费;大学人才的发展具有"先消费后生产"的特点,也就是大学人才的投入和获取,然后才能进行人才的培育和生产。大学人才存在着一种"输入—输出"关系,即高消耗与高附加值的双重关系。

第六是性格的重塑。大学的人力资源在使用中会产生一些有形和无形的损失,但是这些损失是可以被重新利用的,它遵循着"人力资本消耗-投资-再消耗-再投资"的运作规律。大学人才的工作时间模糊性、成果评价复杂性、价值实现间接性和个体需求多元化是大学人才培养的主要特点。

大学人才配置具有一定的规律性。大学人才的分布遵循着"点""轴""网"和"面"的分布规律。其规律表达为:"人才空间分布的发展与生产力发展的地域过程相符,其地域空间上所呈现的内在前后联系一般为:人才由离散状态集聚成点,联点成线,点、线结网,最后发展成面。"[①] 分散的人才在"极化"的影响下,不断向港口、河口、支流交汇点和中心城市集聚,从而构成了"人才成长阶梯"。当人口的集聚达到某种程度并趋于饱和时,当人口的"边际效益"超出时,将发生"溢出",并通过辐射的方式,将人口的流动推向第二条"带子",从也就是"人才带"。再一次蔓延开来,纵横交错,就成了一张"人才网"。并在此基础上,通过进一步的辐射和扩散,使其成为一个"人才区"。"人才点"的建设关系到一个地区的经济发展。"人才带"串联起各条交通线和产业带。"人才网"主要集中在一些大的城市。"人才区"的空间布局与经济开发区和高新技术开发区的空间布局重合;因此,我国大学人才的时空分布呈现出东部强西部弱,东部密集西部稀薄的格局。因此,中国将自然而然地形成东北,华北,华东,华中,华南,西南,西北,以及青藏八大区域的人才库。作为东北区的一个古老的产业基地,有着良好的人力资源发展基础。北京大学华北区中拥有独特的人才优势。华东区的发展思路是:实施"倾斜型"发展策略,构建"多元发展"的多层次、多层级的发展机制。华中区人才济济,已形成了一个区域

---

① 姚华建,罗松,李成,等.基于面波走时的三维结构面波直接成像:方法综述与应用[J].地球与行星物理理评(中英文),2023(3):231-251.

性的沟通合作网,武汉大学已成为该地区的一个重要的人才集聚地。华南区是我国人力资源出口导向发展的最好地区。西南区把重点放在激活已有的人力资本储备上。西北区的当务之急,就是要稳定现有的人才队伍,同时要借助西安大学的力量来培育人才队伍。青藏区要最大限度地利用好已有的人力资源。

"加速将人的资源转化为人的资本",是当今社会十分流行的一句话,也是当今社会对人的基本要求。传统的管理学注重从全体教师中汲取知识和力量。现代化的人力资源管理是以人为本的,它是一种平等的、互动的、沟通的、合作关系的灵活的管理,它是一种吸引、发展和维持有效劳动力的直接行为,使人们之间的关系得到最大程度的优化。高校把人才看成是一种资源;前者属于消极的响应类型,而后者属于积极的开拓类型;其中,前一种方法是实施层面,后一种方法是决策层面;人力资源管理注重的是对现有人才的利用和对人才的培养,以及对人才的引进,对人才的挖掘。"资源"是自然形成的生产和生存的物质。"资本"是指人们所拥有的生产资料,是人们获得利益的基础。前者注重的是"来源",而后者注重的是"本钱"。高校经营的目标就是把人力资源变成人力资本。

20世纪60年代,美国的舒尔茨提出了"人力资本"的理论,贝克尔则在同一时期极力提倡把"资本"的内涵扩展到更广阔的领域。舒尔茨的"人力资本论"是以人为中心的,他提出了以人为主体的技术和生产性的知识储备,即人力资本,并由人对教育、培训、卫生保健等方面的投资所构成。人才资本是通过投入来获得的,而投入的多少又直接影响到人才素质。它的作用是知识、溢出和外部效应。人才资源的核心是人才素质的提升,大学是人才培养的宝贵资源。从20世纪90年代开始,大学的人才工作向人才工作的方向发展,确立了人才工作的理念、引进了人才工作的竞争、构建了人才工作的动力。但在理念上还比较落后,在功能上还没有发挥应有的作用,在理论上还有待进一步探索。随着高等教育走向"大众化",高等教育的规模逐渐扩大。目前,我国高等学校的人才培养状况迫切需要培育知识创造的实践型专家,知识传播的艺术专家,应用发展的应用型专家。引进一批研究型、讲解型和开发型的教授,也就是"知识创造型""传授型"和"开发型"的人才。

大学是培养高级人才、创造并传播新知识、新思想的一个主要的地方,因此,要对人才资源进行全面的挖掘,对人才进行发现、培养、吸引和留住,做到因材施教,做到人尽其才,才尽其用。从经验型和行政型的管理向科学化、规范化的管理发展,是当前高校管理发展的必然趋势。坚定地树立起"人才资本是我们的第一资本"的理念,学校要有认才的眼光,要有用才的气魄,要有爱才的情怀,要有聚才的方式。

第二节　高校人力资源管理机制

一、薪酬机制

在大学中，工资体系的设计和管理是最难的一件事。知识工作者的需要结构呈复合性和交叉性。工资包括固定工资和可变工资，工资和技能，业绩，贡献等。一个具有科学性和系统性的薪酬体系，其核心内容是要将 3 P 理论（People、Product、Profit）贯彻到底，也就是为岗位付酬、为人付酬、为业绩付酬。教师应积极参加工资体系的制定和经营，例如：职务补贴的发放等，以反映学校和教师之间的相互交流和信赖的忠诚度。薪酬是对劳动者的报酬，也是对劳动者进行激励的一种重要方式，应该把"效率优先，平衡公平"作为基本原则，以岗定薪、按劳取酬、优劳优酬，将岗位工资作为其最主要的工作内容。要注重实绩，注重贡献，注重培养优秀人才，重视师资队伍建设。将身份管理转变为岗位管理，根据需求设置岗，对教职工进行择优聘用，责酬一致，做到一流人才、一流业绩、一流报酬。

在中国，大学内部的薪酬分配方式主要有以下几种：一是以职务为依据，以工时报酬为主要构成要素的薪酬。二是课时补贴加上职务、学历补贴。三是把各个院系分成若干小部分进行细分。为教职工提供具有竞争性的工资待遇，并将其定价。

二、流动机制

建立一套合理的、有序的、灵活的、可持续的、可调的、可伸缩的、可操作的人才流动体系，不失为一种明智的选择。进入新世纪以来，由于"入世"的影响，由于年轻人的择业观念的影响，由于我国社会的转型，使得我国的人力资源面临着前所未有的压力。人才的流动就是一种人才的竞争，市场的供需状况决定了市场的价值，要想招揽到优秀的人才就得给好的待遇，要想留住优秀的人才，就得想办法提高他们的福利，这就是一个良性的循环。这就是市场的运作方式。在劳动力市场中，通过供需、价格等信息，促使了劳动力的有效流动。要建立一套"进得来，留得住，用得好，用得快"的人才政策，用政策和感情留住人才。大学人事管理人员必须面对这个事实，实行动态的、流动的、长河式的管理。

流动的方法包括：①横向流动，也就是所谓的岗位轮换，它是在相同的结构层次上进行岗位的移动，采取全员聘任制，进行竞争上岗，使学校内部的工作人员能够有序地进行流动，并采取管理干部轮岗制度，实现人才的充分利用，对不合格的老师进行严格的分流，并采取淘汰制度。②强化高校之间的跨专业交流，包括纵向和横向的流动，"不是全部，而是全部"，通过聘请兼职和客座教授，实现专业之间的互补性。③对在职人员实行"三资"制度。"单位人"变成了"社会人"，变成了"地球人"，他们的人才，还是可以分享的。④采取多种措施吸引高水平的人才回流，扩大吸引和留住的途径，形成人才回流的"洼地"。⑤以科学研究为基础，以科技创新为导向。聘请资深的专业人士到学校进行科学研究，并采取"总顾问"制度。

人才库要有活力，要有流动性。人才应该是无限的，学问也应该是无限的，要使他们高兴地来，高兴地去，有了流量，就有了供给。外流的人才仍然是对人类的一种贡献，而使外流的人才对本校的大度心悦诚服，则可产生意想不到的良好宣传效果。同时，也扩大了合作的范围，扩大了合作的目标，将来还可以进行合作研究，进行科技发展。

三、存量优化机制

库存的最优配置可以从竞争、激励和更新三个方面来实现。要想获得高质量的人才，就需要通过市场竞争来实现人才的优化配置。在国外，在师资选拔中，都采取了公开竞争的方式，并坚持公平、公正和公开竞争的原则。大学的激励方式有三种：过程型、结果型和环境型。它包括四个过程：引导过程、测试过程、分配过程和反馈过程。要构建以政府激励为主，社会激励为辅的多元激励机制。根据调查，一个人在缺乏动力的情况下，只能发挥出20%~30%的力量；若加以鼓励，其成功率可达80%~90%。所以，在适当的时候，一个人就能起到四个人的作用。以"能力本位"为导向，构建人才储备的最优升级机制。

四、增量提高机制

"增量"的提升，通常是从"引进""培育"和"使用"三个方面来实现的。增长型培育方式以投入型培育为主，但也有如下问题：投入型培育方式费用较高，需投入大量资金；学制时间过长，很难适应大学发展的紧迫需求；其中最大的一点，就是有可能出现人才流失，就像是硕士研究生、博士研究生。通过递增式引进，引进外来人才，增加人才成长，代价低，成效显著。一是为了吸引更多的人。加大对重点岗位和关键岗位的工资福利力度，积极引进优秀人才，并建立多种形式的人力资源发展投资，成立专门的人力资源投资基金。二是要营造良好的发展氛围，营造良好的发展空间。这种融资方式具有低成本，高收益，低风险的特征。这种"递进式"提升的维持机制，主要表现在对工作环境的营造，对思想动态的关注，对生活疾苦的关注。

五、管理使用机制

要将权力和责任、激励和制约有机地统一起来，构建起一套制约制度。一是业绩制约，业绩与工作任务密切相关。二是规范，即被聘用人员必须严格执行校规，严格执行合同。三是伦理，倡导教师以身作则，抵制学术上的贪污腐化，推行"教师德性一票否决"制度。

要构建高质量的服务体系，包括情报、科研和教学等。要构建人才的利用机制，对人才进行有效的分配，做到人才的最大化。一是潜力的挖掘，针对个人特点和市场需要，进行培训计划的制定。二是打造品牌，自觉培养有潜力有前途的优秀学生，打造名师的品牌，提升学校的知名度。三是事业发展，培养创新型、传授型和应用型人才。因此，对大学的人才进行有效的经营，必须遵守竞争发展的规律，人员适宜性，投资增量，用增闲损，效益的规律。

第三节 高校人力资源管理策略

一、学习型组织

21世纪将是一个知识和学习的社会，一个终身学习的社会。"学习型组织"是美国著名学者佛瑞斯特（Freester）在1965年发表的一篇名为《高校的设计》的文章中提出的，当时他的学生、麻省理工学院的彼得·圣吉（Peter Sungi）发表了一本名为《第五项修炼·实践篇 创建学习型组织的战略和方法》[①]的书，为人们提供了一种新的方法。在这里，学习型组织指的是一种与众不同的，更符合人类本性的组织形式。一个优秀的学习团队会组成一个社区，他们拥有高尚而正确的核心价值、信念与使命，拥有强大的生命力和可以让他们实现自己的理想的共享力量，他们会不断地创新、不断地蜕变。

---

① 彼得·圣吉.第五项修炼·实践篇——创建学习型组织的战略和方法.张兴，译.北京：东方出版社，2002.

大学作为人才的聚集地，提倡读书。教师、学生、管理和服务人员共同学习，共同进步，将每个人的思想都集中在学习上，这有助于激发知识工作者的积极性，让他们进行创新和超越，从而达到真正意义上的终身学习。父母从子女身上学到东西，可以使两个世代的人都得到提高。把大学校园建成"学习型校园"，建成"书香校园"，才能使大学校园成为"学习型校园"。改变高校的人力资源管理体制，必须进行组织学习。由"控制"模式转变为"引导与鼓励"模式，更加关注学校的团结与生机，更加关注学生生活的品质。

学习化组织建设是一个由理念、组织学习机制、组织学习促进和保障机制、组织学习行动等四个方面组成的系统工程，其形态就像一条"鱼"。"鱼身"是它的组织中心，是它的"躯干"，由个人学习、反思学习、团队学习和集体学习组成。"鱼鳍鱼鳞"是一个机构的学习推进和保护机制。系统、管理、人员等要素的优化组合，是系统的动力，是系统的"鳍"与"鳞"。"鱼尾"，即要采取措施，要"先要摇摆，后要走"，创建一个学习化的机构是一项长期的工作，关键在于找到合适的突破口，并把它做好。。

二、组织文化

现代化的人事管理必须攀登四个阶梯：一是行政的平台。二是制度搭建的平台。三是高校经营的平台。四是构建高校文化的载体。高校管理是高校管理的最高水平。一些学者指出，在当今社会，高校之间的竞争最终将是一场"文化之争"。同样，大学之间的竞争也是一种文化的竞争，是一种管理文化和人才文化的竞争。"文化"是一种特殊的经济活动。另一种观点则主张："文化"是人为对大自然进行改造后所产生的印记。在英语里，"文化"的意思是"耕种""培育""教育""发展"和"尊重"。文化是一个组织的一种无形的财产，它是一种可以被各种群体加以区分的事物，是一种可以经过一段时间的、持久的、逐渐被认可的教职工素质、态度、质量的总和。

在大学文化中，团队精神是大学文化的中心，大学文化的氛围是大学文化发展的基础。高校的校园文化表现出了明显的时代特点、反映了时代的精神、为高水平的人才提供了良好的服务、兼容、多元化的功能。大学具有很高的文化内涵，这些都需要从大学的治学理念、校训和校歌中提取出来，以提高老师的忠诚度和责任感。大学的文化氛围良好，首先，哲学、信仰等是大学的文化元素，其次是文学艺术和科学方面的因素。大学要塑造大学的文化精神，要不断地发挥大学的作用。大学的组织文化分为三个层次：精神层次、制度层次和物质层次。它具有间接性、综合性、无形性、继承性、客观性、渗透性等特点。高校校园文化在人才管理中具有导向功能、规范功能、凝聚功能和激励功能。大学的组织文化，使人才的人生变得有意义，它是一种对人才的一种优厚的报酬，是一种对人才的一种生存模式，是一种对人才的价值观和组织的认同。大学的校园文化应该是一种"以人为本"的、包容的、充满人格魅力的、充满人文关怀的、充满着"绿色"的、"生态"的文化。构建学校的文化，使学校的文化与管理融合，精神与个体融合，达到留住人才的至高境界。

三、人才资本产权制度——期权制

期权制是指在高校中实施的一种长期激励，其核心是：确定一笔与高校绩效相关的收入，并有权在将来一定时间内，分批获得此项收入。与高校采用的股票期权制度相似，也就是当高校的绩效满足了一定的条件之后，可以让一些优秀的人才以特价的形式，购买或奖励相应数量的高校股份，以此来作为一种长期奖励方式，激励教职工努力工作，引发高校股票价格的提升，最终实现了教职工和高校的共同发展。因此，将高校经营"期权制"引进到学校的分配制度中，应确立体现效率优先，兼顾公平，拉开档次的"零钱"制度；统一管理，分级评价，突出重点，区别对待；对高校教职工进行有效的短期和长期的激励；在收益的分配中，教育和研究起着主要的作用。博士生导师，博士后，博士，以及做出重大科学研究和科学研究成绩显著的人员，可以参与到高校激励计划中来。

新疆金融学院作为全国高等院校率先开展此项工作，对激发用人热情、遏制资金投入、避免人才流失起到了重要作用。这种选择权是一种长期的分配方式，由学校以受惠人薪水的 10% 作为存档，六年之后才会付清，到了六年之后，有一个固定的百分比发放，直到退休时才会全部拿到。一些人把它叫做"虚拟股票"。因此，对于那些希望获得优惠待遇的高层人员，其任职年限应超过 6 年，任职年限愈久，获得的选择权愈多。大学的股票选择权可分为三档。已享有选择权的教职工，若在指定期限内离开，则不再享有该选择权。期权制度是一种动态的经营方式，就像投资者在股票市场上表现不佳，或者没有取得对应的业绩时，股票就会被注销。大学采用期权制度，对做出杰出贡献的教师给予较高的报酬，为教师创造了丰厚的资产，以此来挽留优秀教师。

四、服务期制

　　服务期制度也是一种行之有效的人才培养方式。所谓"服务期制度",就是各种类型的人才,在大学里都应该有一个固定的工作时间。它是一种新的生产要素,也是一种新型的生产要素。各种类型的人才都要有最低工作年龄,5 年是最基础的年龄。在这个过程中,有才能的人要承担相应的权利,承担相应的义务和责任。为培养优秀人才,创造良好的环境,为其发展创造良好的环境。一是对引进的人才实施聘用期制度,高校对人才的渴求,耗费大量财力物力引进高水平的人才,要对其进行合理的智力投入和累积的贡献度。二是学校内部培养,学校支付学费,工资,奖金,让学校内部的老师提升自己的学历或继续学习,即占据了一定的位置;耗费大量的人力物力,耗费巨大。优秀的学生毕业后,应该回馈给学校。三是对已评出的专业技术人员,学院为他们创造条件,为他们提出目标,他们的翅膀长得更硬,学院也要回报他们。对在劳务派遣期间的人员,要实施契约式的管理。如果工作期满后被调出,属于正常的调整;未满期限而被调走的,按照原协议,按照三倍于原协议的金额进行补偿。若能将服务期制度与选择权制度结合起来,则其作用将更为显著。工龄与累积贡献度及津贴相结合,工龄与非工龄的差别对待,合情合理,是一种科学的人事管理措施。

第二章　高校人力资源管理现状分析

第一节　高校人力资源管理的现状、问题及分析

一、我国高校人力资源管理的现状

"九五"（1996—2000年）以后，伴随着全国教育制度的变革，高校的改革与发展迎来了一个崭新的发展阶段。在高等教育全球化步伐不断加速的情况下，当前，高等教育领域最急需探讨和解决的重要理论和现实问题就是：怎样进一步地推进教育制度的改革，对教育结构进行优化，从而提升教育质量和办学效率，从而让教育的发展更好地满足国家今后的社会和经济发展需求。

（一）数量分析

从1998年开始，为满足大学招生规模扩大的需要，大学教职工数量与专业师资数量出现了大幅增加。在我国高等教育快速发展的过程中，高等学校的师资力量得到了很大的发展，与1998年相比，2005年，师资力量以69.13%的速度增加了712,000人。在这三个方面，专业技术人员的数量出现了明显的增加，达到了137.18%，达到了558,600人。专业技术人员与教职工的比率也在不断增长，从1998年的39.55%增加到了2005年的55.44%，师生比从11.6∶1增加到了16.85∶1。师资的总量与高校发展的需求基本相匹配，师资力量稳步地增加，这既确保了学校的实际需求，又确保了学校的教学质量在持续地提升，同时还确保了学校的教学质量。然而，近年来，随着我国高等学校的快速扩张和学生的不断增加，师资的总量已经无法满足我国高等学校快速发展的需要。当前，我国很多大学面临着师资力量严重短缺的问题，有些大学连正常的教学、研究工作都无法保障。

（二）地区分布情况

大学人才配置具有一定的规律性。大学人才的分布遵循着"点""轴""网"和"面"的分布规律。也就是：人才的地理分布与其所在地区的生产力发展进程是同步的，它在区域上所呈现出的内部和外部关系一般是：分散的情况下，人才聚集成点，联点成线，点线结网，最后发展成为面。分散的人才库在港口、河口、支流交汇处和中心城市等区域聚集，构成了"人才库"。当人口的集聚达到某种程度并趋于饱和时，当人口的"溢出"程度超出了它的"边际效益"时，它就会转向次要的带点处，从而产生一个次要的中心，并以此为基础，沿主干道进行辐射，从而构成一条"人才发展轴线"，也就是"人才带"。再一次蔓延开来，纵横交错，就成了一张"人才网"。并在此基础上，通过进一步的辐射和扩散，使其成为一个"人才区"。"人才点"的建设关系到一个地区的经济发展。"人才带"串联起各条交通线和产业带。"人才网"主要集中在一些大的城市。"人才区"的空间布局与经济开发区和高新技术开发区的空间布局重合；但目前，随着社会经济的发展，我国大学人才的空间分配呈现出东强西弱，东密西疏的特点。因为，在西部地区，因为其天然环境恶劣，加上政府的财政状况比较脆弱，因此，当地的居民尤其是农牧民的收入水平较低，他们的支付能力较弱，因此，在某些地方，由于思想观念比较陈旧，因此，在总体上，我国高校的发展水平比较滞后。

（三）结构分析

从总体上看，从专任教师的职称结构、学历结构、年龄结构、学缘结构以及总体结构，可以看出，从1998年开始，为了满足高等教育大众化的发展潮流，普通高等学校加强了对人才的管理与开发，因此，在人才的培养过程中，专业人才的培养上，已经有了很大的成效，各个领域的结构都得到了显著的优化，综合素质也得到了很大的提升。然而，这一现状与我国高等教育发展的内在要求，与我国高等教育大众化、"办好高等教育"的现实要求，以及我国高等教育参与全球市场竞争的战略需求，仍有一定的距离。

例如，对大学边缘的结构进行了分析。当前，本科院校的专业知识结构状况，离全国大学本科院校的专业知识结构最优水平还有一定距离。以我国高等教育发展需要和高校教师队伍的现实状况为依据，"十五"（2001—2005年）期间，在校外完成某一级学历（学位）教育，或在校内完成其他学科的学历（学位）教育的教师，应该占到教师队伍总人数的70%以上。根据大学的办学层次和承担的任务来划分，"十五"时期，各种大学的师资力量的最优配置是：在校外完成博士、硕士研究生学历（学位）的师资力量，或者在全国重点大学和本校完成其他专业的本科及以上学历（学位）师资力量，所占师资力量的比重，在教学科研型大学中通常超过80%，在以教学为主导的大学中通常超过70%，在高职院校中通常超过60%。

就整体而言，部分以教学为导向的本科院校和高职院校的师资力量而言，学缘结构的单一性、本土化、低层次现象比较突出。从总体上来看，大部分大学师资中本省大学毕业生居多，外地大学毕业生寥寥无几；在普通情况下，从本科院校中毕业的老师数量比较多，而从国家重点大学和外国院校中毕业的老师数量比较少；获得一个本科专业学历证书的老师数量比较多，获得两个以上的本科专业学历证书和获得研究生学历（学位）证书的老师数量比较少。尤其是部属高校，具有很强的部门性和专业性，给高校的教师队伍建设增加了难度。如果学缘结构的不合理现象长期持续下去，就会逐渐造成消极影响，对高素质、高水平的师资队伍的建设造成不利影响，从而对学术事业的发展和教学科研水平的提升造成了不利影响。

教师队伍总体结构上的不足，要求我们对目前国内普通高等院校在人力资源管理和开发方面所面临的问题以及造成这些问题的根源进行全面的剖析，对高校人力资源管理的客观规律进行深入的探讨，对高校人力资源管理的方式和方式进行改革，对高校人力资源进行战略性的管理和开发，从而构建出一只与我国高等教育发展相适应的教师队伍。

二、我国高校人力资源管理存在的问题

（一）高校人力资源总量不足

近几年，随着我国高等教育向大众普及的方向发展，普通高校的招生数量不断增加，学校的规模也在不断扩张。2005年，本科和专科招生人数为5044,600人，比1998增加了4.66倍；有364,800名毕业生，为1998年的5.03倍；全国本科和专科学校招生人数为15,617,800人，比1998年增加4.58倍。[①]

而且，老师人数的增加，比学员人数的增加要少得多。在2005年，全国普通高等学校共有教职工174.2万人，与1998的103万人相比，仅增加了1.69倍，与1998的40.72万人相比，仅增加了2.37倍，教师数量的增长率显著低于高等教育规模的增长率，导致了我国的教师整体人数偏少，这一点可以从生师比中看出来。生

---

① 郑婕慧，郭碧霄.高校多校区办学的人力资源管理模式[J].人才资源开发，2020（20）：34-37.

师比是指当量的学生总人数与专业老师总人数的比率，其中，当量的学生总人数是各种类型的学生数扣除本专科后的等价的总和。生师比指的是一个教师所承担的平均学生人数，从数量上体现在教师的人力投入与产出方面的生产效率，如果生师比过低，那么就会对教师人力投入方面的产出效率产生影响，如果生师比过高，那么就会对人才培养的质量产生严重的影响。基于目前高校人才结构的实际情况，2000年，教育部颁发的《《关于当前深化高等学校人事分配制度的若干意见》中指出，高校教师与学生之间的比例应保持在15：1，这样才能确保学校的教学效率和教学质量。但是，自2000以来，普通高等学校的生师比持续偏高，尤其到了2000多年，生师比达到了19：1，极大地加重了学校的工作压力，降低了学校的教育的质量，降低了学生的创造力。所以，在不断扩招的情况下，怎样才能确保学校的办学水平得到切实的提升，这就成为当前大学面临的一项重大课题。根据国家"十五"规划，根据全国高等学校师生比为15：1，在2005年度，全国中小学师资短缺将达11万人。为了适应我国高等教育的发展，2004年，教育部在《普通高等学校基本办学条件指标（试行）》中，明确了学生与教师之间的比例。除医、体育、美术院校外的其他院校的生师比例达到18：1，并明确了限制招生的最低要求。目前，国内大学师资的总体质量还不够理想，尤其是中高级师资的短缺。

目前，我国大学师资队伍的总体素质已经得到了很大的提升，但与大众化和国际化的高等教育相比还相差甚远。但就目前而言，我们的师资队伍还不够完善，尤其是中高级师资的短缺。从专业技术人才的数量来看，当前，全国高等学校的专业技术人才中，正高级人才所占的比重不足10%，副高级人才所占的比重仅为30%。

从学历结构来观察，我国普通高校高层次人才队伍的建设还需要得到更多的强化。尤其需要注意到的是，我国优秀拔尖人才和高水平创新团队的数量较少，缺少世界一流人才，在国际学术领域的影响力和竞争力仍待提高。

（三）高校人力资源配置不当，资源利用率不高

当前我国普通高等学校，一方面，既有师资力量的严重短缺，又有一些师资力量的不合理分配，造成了一种隐性的过度。另一方面，既有一些专职的师资力量，又有一大批非教研人员。

1. 非教学科研人员呈膨胀过剩态势

一方面，大学教职工的社会地位得到了进一步的提升，大学的大部分学生的经济收入得到了稳步的提升，大学的老师已经成为了人们最想要的工作，大学的老师

的家属和子女也越来越愿意来大学工作。而在人才引进方面，因为缺少了一套严谨的科学依据和规范措施，导致了对非教学科研人员的引进，经常会受到了一些因素的干扰，从而出现了一些难以控制的问题。另外，大学在相对平稳的发展环境中，长久以来的计划经济制度所形成的沉淀性，使得大学人才缺少一种理性的流动机制。目前，许多非教学科研人员因为职称不高、学历偏低、年龄偏大等诸多因素，很难在短期之内获得提升，从而转到教师工作岗位上去，也很困难地离开大学，去社会上找工作。这些人对自己所做的工作存在着一种潜意识里的被动，并且很可能会形成一种思想上的固化，从而对变革和发展形成一种恢复力的抵抗，从而导致这些人不愿意调动。在这种情况下，要想实现教师的社会化，就很困难了，这就需要高等学校进行内部扩充，对教师进行"消化"和"吸收"。长此以往，就造成了大学中的非教育性研究人才持续增长，并产生了过度的问题。另一方面，因为大学的组织结构的设置上，存在着"小而全"的问题，这就造成了大学里珍贵的人力资源因为不合理的配置而被大量的浪费。与此同时，这也必然会对大学的工作效率造成一定的影响，出现了扯皮、推诿、内耗等问题。当前，我国大学中近 50% 的教师都是以"非教"为主的，这给大学带来了很大的人力和财力压力。

2. 专任教师专业结构不合理

一方面，高校师资队伍的不合理构成造成了一些特殊师资队伍的"相对富余"。当前，因为报考人数较低，招生规模较小，导致了某些专业可为老师们提供的课程较少，呈现出了师资力量充沛的局面，而因为不能从市场中进行调整，因此也存在着相对的剩余。

对此，我们可以从扩大招生中所涉及到的相关问题中得到印证。比如，在近年来的扩招过程中，有些院校并没有根据社会的人才需要状况来制定专业的招生计划，反而是根据自己的教师状况来制定，因此，很多老化的、适应性较差的专业，仍然在某些大学中作为扩招的主要力量，持续地参加着扩招。这种做法不但会挤压高校发展的空间，而且会导致高校毕业生出现结构上的过度，从而使高校扩大招生的效果大打折扣。近两年，大学招收的专业数目增长迅速，但是，有很大一部分的新的专业，通常都是以原来的专业为依托，采用改换名字、临时嫁接、延伸及组合的方法，发展迅速，但是需要强化其内部的构建与丰富。

另一方面，一些学科因为"结构化"的缺乏，出现了"师资力量匮乏"的现象，尤其是在计算机、外语和数学等公共基础课程中，目前的教师负担较重。另外，与高新技术、国际贸易、涉外商业等相关的热点学科的发展，虽然引起了人们的重视，但受限于资源和环境,其发展速度仍然跟不上现实需要的增加,因此,涉外师资十分匮乏。

又例如,在某些迫切需要的、非常受欢迎的专业中,例如物流专业、电子商务、网络管理等,这些专业都与计算机密切相关,具有很好的实用性,同时又缺少高水平的师资力量,因此,就需要利用这些专业的本科毕业生来教授本专业的学生。还应该注意到,一些热门的学科在没有任何计划的前提下,就盲目地进行扩大招生,这不但加大了专任老师的工作负担,还对学生的教育质量造成了很大的影响。

(四)高校人力资源流失现象严重

大批的人才从经济发展水平较低的地区、行业和高等院校流向经济发展水平较高的地区、行业和高等院校。目前,我国高等院校出现了大量的人才外流,这一问题已是不可回避的现实。根据网络调研,各大大学都出现了一定的"人才流失"现象,询问各大大学的人事部门负责人,得到了一致的答复。唯一的区别,就是不同的方向,不同的结构,不同的程度。

从区域上来看,边远地区和欠发达地区的师资队伍存在着较大的问题。例如,在西北的一些大学里,骨干教师和学科带头人的外流是其他地区的2.2倍,其中大多数都去了非教育界。在学科上,与我国经济社会发展紧密联系的学科(如:计算机,英语,会计,建筑等)师资队伍出现了较大规模的人才流动问题。这种情况不但发生在边远地区和经济欠发达地区,而且还发生在经济发达地区。

在人才方面,主要是以年轻、年轻的教师为主;从流动情况来看,主要是向海外流动,或向沿海的一些较发达的区域流动。

大学为何不能留住优秀的人才?对上海大学师资力量的一项有关师资力量的问卷调查,显示出我国大学师资力量的缺失。1.64%的高校在挑选和培育骨干教师和学科带头人方面没有采取有效的举措;2.66%的高校毕业生对高层次人才的引进、对现行师资的管理等方面出现问题,或与现行师资有关的问题没有解决;3.61%的教师培训资金短缺,或明显短缺;4.68%的老师工作环境欠佳;5.72%的受访者认为,他们对老师的日常工作很不满足或不满足;有35%的老师认为自己的工作条件令人厌烦,或者感觉不舒服。问卷还表明,28%—45%的中小学老师对自己的工作态度和工作热情等方面的评价都有一定的偏差。① 换言之,高校内部除了有明显的人员流动,还有隐藏的人员流动。"潜移默化"指的是,老师们的身体在学校,而他们

---

① 杨阳.高校人才流失问题及治理对策[J].技术与市场,2019(7):221-222.

的心在学校之外。比较显著的有两种形式：一是不愿意离开大学，但是不愿意只做教育和科研，而把大部分的时间花在与教育和科研没有直接联系的第二职业上。二是想要离开大学，却没有找到好的工作，或者没有足够的能力，只能留在大学里，等到找到好的工作，才能"跳槽"。在我国，"隐形"的人才流动问题日益突出。

三、我国高校人力资源管理存在问题的原因分析

目前，我国大学教师队伍建设中出现了许多问题，这些问题是由多种因素引起的。中国著名经济学家兼北京大学教授萧灼基认为，现行的干部制度有六个方面的问题：重视用人而不重视培养；重视学历而不重视能力；重视年龄而不重视水平；重视海归而不重视本地人才；重视本地人才而不重视外地人才；重视男性而不重视妇女。

大学中同样也出现了这样的情况。具体来说。

（一）人力资源管理观念相对后，仍停留在传统的人事管理思想

在很长一段时间内，大部分大学的人才工作都处于一种比较落后的状态，并没有根据实际情况进行改变和强化，仍然处于一种比较传统的人才工作状态。例如，在教师招聘、录用、干部调整、工资发放、考核培训、临时教职工等问题上，这些都是一片空白，最多只能跟着做。传统的人事管理，它的工作流程比较侧重于对事情的重视，而对人的重视程度更低。在管理活动中，人们更多地将"服从组织的安排"作为重点，而对被管理者的个体需求和人格特征则是被广泛地忽略了。在人才选拔、考核、奖惩和职务更替等方面，规范的执行具有很强的主观性和随意性；它的运作方式以"自上而下"为主，"垂直型"管理方式主要依赖于上司的意愿和需求，而被管理的教师仅仅是"棋子"，教师在管理政策、目标、标准、方法、过程等方面没有充分发挥其知情权、参与权和监督权，因此，教师在管理中的作用显得尤为重要。有些大学的人事部门，把大学的发展看成是"投资"，把"经费不足"看成是大学发展的"制约因素"，却没有认识到"制约大学发展的关键因素"是人力资源管理问题。

就其实质而言，大学依然遵循着以事务为核心的"人"的传统的人事管理观念；在管理、交流方面，主要表现为由上至下的单方面的行政性控制、指令，没有从下到上的直接参与、咨询，是一种中央集权式的管理性管理。相对于庞大的机构编制，我国在人事工作的基本、全局、战略等方面存在着"三无"：无人、无职、无编的

状况。这样的状况造成了经营的盲目性、自发性、片面性和混乱。要想与之相匹配，就需要对其进行一次深刻的改革，使其由传统的人才观向现代化的人才观转化。

（二）高校人力资源管理缺乏总体战略规划

为了达到高校的经营目的，高校必须进行一项有效的人才培养计划，而人才培养计划则是高校进行人才培养的重要依据。当前，国内大部分大学都认识到了增强师资队伍的重要性和紧迫性，然而，一些大学在教师队伍的建设和人力资源的合理分配方面，缺乏长期的计划，尤其是缺乏整体的战略计划，即便有了人力资源的计划，也大都只是在数量的管理层面上，没有将其提高到环境层次、组织层次和管理活动层次上。由于缺少对人才的基本、战略人才的管理，导致了高校很多工作出现了严重的滞后现象。

（三）缺乏完善的人力资源管理市场

尽管目前我国大学中存在着大量的人员流动，但是大多数大学中的人员还没有真正地走到市场上去，因此，通过规划来分配仍然是大学中最主要的一种分配模式，并且在大学中仍然起着主要的作用。高等学校和高等学校管理机构仍然担负着很大一部分人力资源配置功能。由于市场主体不够完善，导致了在某种意义上，人才流动的活动领域和范围被隔离开来，从而限制了人才市场的发展和合理使用，导致了教育人才市场的不完善，运行不规范，缺少对大学里的人才资源进行预测、监控、规划和配置的能力，不能给大学里的人提供一套完整的、全面的、有针对性的关于大学里人才资源的相关资料，从而为人才资源的市场化配置提供一个理性的指导。它是一个包括计划和配置，考核和评价，分配和奖励，培训和发展在内的一个体系。要使人才制度中的各个因素相互配合，就需要以市场为导向来实现人才制度的有效运行。

第二节 加强高校人力资源管理的重要性和紧迫性

一、高校人力资源管理面临的机遇与挑战

（一）机遇

未来几十年将是我们大学发展的重大战略机遇，也是我们大学发展的"黄金期"。

由于人们的生活水平、消费结构以及教育理念发生了改变，人们对教育的要求朝着高层次、高质量和多元化的方向发展。人们对优质高等教育的要求，给大学的人才队伍建设和教师队伍建设带来了巨大的挑战和千载难逢的发展机会。"高素质教师和管理队伍建设工程"是教育振兴行动计划中的六大项目中的一项，它对建立教师教育体系，健全教师终身学习体系，加快教师和管理队伍素质的提高，深化人事分配制度改革，推行全员聘任制等，都有非常清晰的任务和要求，这给高等学校的人才管理工作带来了良好的环境和发展前景。

（二）挑战

进入20世纪90年代后，全球经济出现了一些新的发展趋势，在这种趋势下，人才成为了高校与国家之间竞争与合作的关键要素，也成为了各国和高校之间争夺的最主要的一种资源。进入21世纪，伴随着高科技产业迅猛发展，资讯科技为核心的新经济，高科技产业将会蓬勃发展。不重视人才的高校将会丧失市场的竞争优势。

因而，如何有效地引进和培育高素质人才，就成了各国经济发展中的一个重要环节。在全球竞争的格局中，人才资源已经逐渐变成了一个国家的关键性、战略性资源，而教育的质量也逐渐变成了一个国家的综合国力和国际竞争力的重要组成部分，因此，在21世纪，全球许多国家都将教育放在了国家发展战略的第一位，对其进行了高度的关注。在此基础上，教育尤其是高等教育的地位、作用和功能将会产生深远的变革，大学的人才管理也将会出现诸多新的变化。

1. 从高等教育外部来看

随着我国高等教育全球化进程的加快，高校面临着新的发展机遇，面临着新的挑战。21世纪是人类进入信息化和全球化的知识时代，在这一背景下，人才的地位日益凸显，而在国家间的竞争中，教育更是举足轻重。因此，提高大学质量，提高大学的人才素质，已逐渐成为世界上许多国家大学的首要选择。将科教兴国战略和人才强国战略付诸实践，建立起一个国家的创新体系，要实现全面建成小康社会的宏大目标，要培育出数以百万计的高素质劳动者、数以百万计的专业人才以及一大批拔尖创新人才，要满足人们不断增加的高质量教育的需要，要建立一个学习化社会，高等教育是当仁不让、任重而道远的。在高等教育国际化和办让人民满意的高等教育的新情况和新任务下，高校的人力资源在其中的地位越来越重要，要做好高校的人力资源管理工作，就变得越来越迫切。

2. 从高等教育内部来看

伴随着高校的不断发展，高校已经进入了"大众化"的时代。目前，中国的高等教育改革已经从宏观政策、结构调整转向了微观层面上的高校核心竞争力的培养，各个高校之间在师资力量、生源力量、教育质量、办学效益以及学生的求职能力等多个领域上都存在着越来越多的竞争。在大学中，最重要的就是人才，大学的发展与人才密切相关。面对的主要问题是，在高等教育全球化和社会主义市场经济背景下，怎样才能更好地吸引和保留高层次的人才，激发已有人才的智慧，激发其工作热情，使其在提升学校核心竞争力、提升人才培养质量、提升教学科研水平、增强综合办学实力中所起到的巨大作用。为了使自己在市场上处于有利地位，国内各大高等院校纷纷启动了新一轮的校内经营体制改革。而人事制度的变革则是人事制度的变革。因此，我国大学内部和外部都出现了一波新的人才流向。为了充分调动已有的人才力量，引进更多适合更高水平的优秀人才，许多大学相继推出了一套全面的人事制度改革计划。具体来说，就是：突破高校老师的"铁饭碗"，推行"聘任"制度；通过"近亲属"现象，实现"高层次"的"高水平"，提高了高校的"高层次竞争"；将内部晋升和外部公开招聘两种方式结合起来，进行择优任命；采取了一个学科淘汰制，在一定的区域之内，对各个学科展开一个全面的排名，对于那些不具备竞争优势的学科，采取了整体淘汰制。

3. 从高等教育自身发展来看

高校在人才培养、科学研究以及为社会服务中所起到的作用日益突出，高校与社会、经济的联系日益密切，开展文化传播和对外交流的工作也日益艰巨，高校的发展水平已经逐渐变成了一个国家的综合实力和文明程度的一种标志。一所高校的师资力量，是一所高校中最优秀的人才力量。建设世界一流的高校，最重要的是要有一批优秀的教师，即一批优秀的人才。其实，当今前所未有的全球竞争，其最大的核心就是对人才的抢夺。高校在某个领域要具有一定的核心技术基础，具有一定的技术创新能力，具有一定的核心竞争力。

二、加强高校人力资源管理的重要性与紧迫性

在新的时代背景下，高校的社会位置和运作环境都已经出现了很大的改变，高校已经不仅仅是一个普通的教育、研究机构，而是一个影响着整个社会生产力、生产关系的一个关键要素，同时也是一个国家的创新体制和科教兴国的主要力量，处在一个经济和社会发展的基本位置上，承担着为广大的专业技术人员和大量的高层

次、创新型的人才培养的历史任务。此外，高校所面对的将是一种在市场经济条件下，可以自由招生、自主管理与双向选择的社会体系，它的管理特征将体现在自主与创新上，并努力拓展自身的生存与发展的空间。所以，高校中的人力资源的现状和使用效率，不但与高校做为一个独立的法人实体的实力和发展潜能有直接的联系，还与对我国高层次的人才资源的培育和利用密切相关，更与国家和社会的进步与发展密切相关。因此，持续强化高校的人力资源管理，打造一只高素质的、有强大的竞争力和创新能力的高校的人力资源队伍，这对深入实施科教兴国和人才强国战略，提升我国自主创新能力，建设创新型国家，有着重要而深刻的战略意义。

（一）加强高校人力资源管理，是提高高校核心竞争力的战略选择

人才是影响一国经济发展的首要因素，同时人才也是一国大学发展的首要资源，人才是大学总体发展战略中不可或缺的一环，它是提高大学核心竞争力的基本来源，也是影响大学竞争力强弱的关键因素。特别是当前我国大学越来越多地以市场化为导向，大学与大学的竞争也越来越激烈。一所大学要想增强其核心竞争能力，提升其学校的整体实力，就需要建立一批高素质的学术带头人，高素质的教学科研骨干，高质量的教学科研管理，高效能的教学科研保证队伍。人力资源管理是一种以学校总体发展战略为基础，以对与学校发展长期目标相适应的人才战略的一种人事管理方式，以对与其相适应的团队和个人绩效进行有效的改进为中心，以提高全校人才的总体竞争力为目的的一种战略管理。要想在大学的竞争中引进一批具有领导地位的学术领袖和学科骨干，就要加大对教师队伍的管理力度，从而提升大学教师队伍的整体素质。与此同时，通过加大对人力资源的投入力度，教师可以在一定程度上对自己的工作人员进行科学的教育、教学、研究等方面的工作，保持教师与教师的相互联系，促进大学的人才与其他因素的有效融合，达到最佳的配置效果，以确保大学的教育、研究水平持续提升，进而提升大学的整体办学能力和核心竞争力。

（二）加强高校人力资源管理，是推进管理创新的现实需要

经营就是生产，经营就是竞争。在大学的经营中，人才是最重要的一环。创建一所高质量的高校，要实现高质量的办学目标，就要积极推动办学改革。一个大学，即便有着一流的教师团队，如果在管理上出现了大的问题，也不会很好地利用他们的人才优势，也不会很好地维持他们的稳定性。为此，必须强化高校人才队伍建设，以促进高校人才队伍建设。唯有持续地对人力资源管理机制、管理体制、管理制度、管理方法和手段进行创新，为教师们营造出一个良好的工作氛围，这样才可以更好

地将教师队伍的整体活力发挥出来,让教师们一直都保持着饱满的工作热情,努力地学习技术,研究业务,这样才可以持续提高教师队伍的总体素质。

(三)加强高校人力资源管理是提高办学效益的重要手段

经营有方。唯有对大学的人力资源进行了合理的分配,重视对其进行合理的开发,才可以将教师的潜能发挥到最大,使教学科研人员在教育教学科研能力方面的资源闲置,使教学管理人员和后勤服务人员在管理与服务方面的资源闲置,才可以将教师的工作热情发挥到最大,减小内部消耗,提升工作效能,进而降低办学成本,提升办学效益。

(四)确立高校人力资源管理的战略地位

1. 基本原则

(1)大学人才培养是大学的重要内容。要将人才管理提升到人才聚集的核心地位,进行人才管理、人才开发与利用。

(2)强调主题的重要性。高等学校的人才队伍建设,要在人才队伍建设中,突出人才队伍建设的核心内容,注重人才队伍建设。从理论上讲,大学是一座人才的高地,它应该具备对各类人才的综合素质,这也是大学人才资源的发展和管理的终极目的。然而,从建设的着力点来说,大学的人力资源建设,首要任务就是要凸显教师和科研人员的主体作用。这就需要在高校人力资源开发与管理的战略和政策设计中,突出主题,突破其关键问题,达到以点带面的效果。

(3)切合实际。大学人才的培养要注重实际,注重实践,也就是通过实践才能实现。这不仅包含了在整体目标的设计上,要具备一定的现实意义,还包含了各个具体的目标,例如:人才分配制度改革,人才引进、稳定、利用,人才培训,能力建设,结构调整,优化配置等,在设计上要具备很强的实用性和可操作性。

2. 创新理念

(1)确立以"人才为第一资源"的思想。在我国,高科技产业发展迅猛,技术密集型和智力密集型产业所占比例明显提高,而人力资本已经成为我国发展的首要战略资源。一个国家的发展,都离不开人才的素质。我们要继续加深对"人才资源是第一资源"的认识,进一步解放思想,提高认识,在科学发展观的指引下,确立人才资源的新理念、新思路,把培养、吸引、用好人才放在了一个重大的战略位置。要做到尊重人才,关心人才,爱护人才,用超乎寻常的热情,用超乎寻常的努力,用超乎寻常的措施,来强化高校高层次人才的培养。

（2）确立"以人为中心"思想。"以人为本"是大学人才培养的基础，也是大学人才培养的目标。"以人为本"，即从人的生存状态出发，对人所面临的各种问题进行剖析、处理，其中心思想是对人的尊敬——对人的特点和本性的尊敬，将人看作是一种方法和一种目标的统一体。"以自我为中心，以追求自我实现和自我管理为目的的社会性个体"[①]为前提。因为人能够变成一个寻求自我满足的人，所以，对人的管理不再像我们以往所了解的，只是笼统地关心人，调动人的工作热情，而要挖掘人的潜力，把人的发展放在第一位，把人的发展和高校的发展联系起来。

"以人为本"有以下三个方面的涵义。

一是在所有工作中都要注意人的影响，要对人的价值有一个准确的理解，要充分利用人的主体地位。要以发展人的资源为中心，注重对人的理性使用，实现对人的科学化、民主化和法治化的管理。要在任何时候都要尊重老师的意志，理解老师的需要，充分调动老师的主观能动性和创造性，充分地发挥老师的潜力和积极性。

二是在一切人力资本中，人才是最主要的人力资本。换句话说，一个学校如果能够把一批世界级的人才集中起来，那么这个学校就能够成为世界级的学校。现在，教师不再是原先的大学的费用核心，他们已经成为了大学教育的主要内容，他们是大学教育发展过程中的知识与价值的核心，也是大学教育事业发展过程中产生的精神财富的源头。

三是要增强教师对校内工作的热情，加强对校外工作的规范化、科学化、民主化。既要发挥专家教授在学术上的积极功能，又要发挥其在学校的经营职能，改变以往的"以行政为主"的经营模式，转变为"以人为本"的经营模式。要坚持"以人为中心"的经营理念，充分发挥其学术民主的功能，加强对学校的咨询、决策、执行、监督体系的建设，充分发挥学校的学术委员会，学位评定委员会，教学工作委员会的职能。

所以，在大学的人力资源管理过程中，一定要坚定地建立起"以人为本"的思想，要对人力资源进行充分的挖掘，要把重点放在对人才的发展上，要把对人力资源的有效使用放在最重要的位置上，要在人力资源的管理方式上实现科学化、民主化、法制化和合理化、规范化的管理体制。

（3）建立人才发展观念。而对人才的发展，则是对人才的投入和收益的最大化。大学是人才培养的重要基地，是知识与科技的发祥地，其人才资源具有很强的开发

---

① 李安.个体自由与企业发展 基于中国企业人本管理的思考[M].北京：知识产权出版社，2014.

潜能。要将这种潜能转变为生产因素，推动经济发展与社会进步，就要加强对人才的培养。在内部，要注重对人力资源的能力的建设，强化对人才的适应能力、学习能力、创新能力、运用信息能力以及跨文化交流能力等方面的培训和开发，构建出一套与市场经济体制相适应的高校人力资源开发管理体系，实现优胜劣汰，进行最优组合，让教师编制得到更好的利用，充分挖掘出人的潜力，降低内耗。

3. 创新高校人力资源管理机制

（1）高校的内部治理结构改革。要对团队的构建与发展进行积极的探讨，以对基层的学术组织结构进行变革为切入点，突破原来的学科与研究的组织方式，对人才进行优化配置。构建有利于学科交叉、融合的教育和科研体系，构建有利于加强自主创新能力和提升创新人才培养质量的基层学术机构，推动创新团队的建设。我们必须在人事工作中，持续地进行人事工作的转型，从以行政权为主向以服务权为主的转变。多与下属交流，达成一致，增进信任。要打破陈规，摒弃陈规，采用弹性化的经营方式，以求机遇，以发挥人才的潜力。对人与事之间、人与事之间的多种冲突进行了有效的调节，从而达到了一种相对平衡的目的。在制度管理方面，要对高校的内部人事管理体制进行深入地改革，对原来的思考模式和操作方法进行打破，对人们的物质需要和精神需要进行持续地满足，为创造一个对创新人才的培育和对高水平的人才的聚集创造良好的条件。必须制定一套完善的人才流动机制。它是以合同为基础，根据法律规定个人的权力与责任，以及工作时间长短。它可以自由的外流，也可以在一定的情况下进入。学校可以开除不合格人员，也可以招聘合格人员。要使教职工有能力，岗位有能力，待遇有可能提高，这样才能使教职工有机会进入，有机会提高，有机会降低。

（2）构建高效的教职工激励体系。在管理心理学中，激励指的是对人进行激励，从而将人的积极性、主动性和创造力进行充分地发挥出来从而让他们能够朝着所需的目标而发展的一种心理过程。构建大学师资的高效激励体系，是大学为了达到自己的目的，针对不同的师资需求，制订合适的教学标准和合理的分配体系，从而使人才的合理配置，使大学与大学之间的利益相统一。构建激励机制的本质就是要让管理者具有人性的理念，用合理化的制度来对老师的行为进行规范，激发老师的工作热情，在管理的人性化与制度化之间寻求一种均衡，从而实现有序管理和高效管理。要遵循的原则是：物质与精神的结合，适度性的原则，公平性的原则，时效性的原则，要对激励方式和手段进行改革，以取得更好的激励效果。

构建科学有效的高校教师激励体系，应当包括如下方面的内容。

一是以满足个体需求为起点，构建了基于个体需求的激励体系；设计多种奖励方式，并设计出有激励特征的工作，进而构成一个激励因素的集合，以满足教师的外部性需求和内部性需求。

二是以激发老师工作热情为主要目标，以实现对老师工作热情的直接激发。其终极目的是要达到组织目标，寻求组织利益与个人利益的一致，所以要有一个组织目标体系，来引导个人的努力。

三是以合理的利益关系为关键，以合理的分配体系和合理的教职工行为标准为关键。一个分配系统把一系列的奖励和一系列的惩罚联系在一起，也就是实现一个具体的组织目标，也就是业绩标准。行为准则是指一个人为了实现某一目的而采取的行动。而内部和外部的奖赏能否充分地满足了教师的需求，则取决于对其工作表现的科学性和合理性。

四是制定了有效的奖励制度，让奖励制度的运作更加有效在整个激励制度的运作过程中，信息交流一直都是进行的，尤其是在构建激励要素的时候，要想知道教师个体的真正需求，就必须要有足够的信息交流。透过资讯交流，把个体需求与动机连结在一起。

五是在更小的代价下，对该制度进行有效运作，以更好地发挥其作用，也就是既能满足老师自身的要求，又能满足学校自身的要求，从而让老师自身的利益与学校的利益达成统一。

要在工资体系中继续推进，在工资体系中逐步确立以"职务—业绩工资"为主要内容的工资体系，并增加对具有突出贡献的、具有较高成就的人才的工资体系；要构建与社会主义市场经济相匹配的、与高校发展规律相一致的、与高校自身发展相一致的的高校人才培养体系，为高校创造出一个人尽其才、人才辈出的社会氛围。

（3）构建评价体系。构建并健全以绩效和能力为导向，科学合理的考核评价机制，从将重点放在过程管理上，转向将目标管理与过程管理相结合，从重视年度考核转向将聘期考核与年度考核相结合，从纯粹注重数量评价转向将数量评价与质量评价相结合。要发挥国内外同行对学科发展的积极影响。

（4）构建高校的人力资本形成与发展的内在机理。在 21 世纪，任何一个高校要想获得更大的发展，就必须提高教职工的素质，增强教职工的能力。在知识经济时期，面对着全球新科技的冲击与日益加剧的人力资源市场的竞争，资讯与知识的发展速度极快，如果不能不断地进行新的学习，将会丧失原来的优势。高校是知识和科学技术发展的最前线，它应该一直处于学科发展的最前沿，时刻关注着国际上的最新研究趋势和发展趋势，并用创建多元的学习型组织来推动学科的发展。这就需要对大学人才进行有效的开发和管理。另外，随着社会和经济的快速发展，给高校的发展带来了一个持续不断的新的增长点，这就要求高校在人力资本的储存上要采取一种动态的、有远见的方法。高校人事管理机构应加大师资培训力度，做好人才库的建设和更新。同时，人事管理部门要做好各项基本工作，收集详尽的基本信息，并对这些信息进行分析，从而制定出一套更加合理的人力资源结构规划，从而提高人力资源管理的针对性和有效性。在人才引进、教师培养、机构设置等方面，都要展开深入的调查和研究，把科学的数据作为基础，对其进行分析和预测，对教学、科研和管理人员的比重进行合理安排，形成合理的人才梯队，使学科建设和教学工作的可持续和快速增长得以实现。

（5）建立完善的人才培养体系。随着知识经济的到来，高校的每个人都必须通过持续的学习来适应社会和经济的发展，从而在竞争中处于有利地位。为此，大学要改变"重使用、轻培养"的做法，有计划、有组织地进行各种类型的人才的培养，建立一种与知识经济体制相匹配的充满生机和活力的培养体系，持续提升教师的总体素质。一是要确立"最有经济效益、最有社会意义的生产要素"这一理念，建设学习型社会，建设学习型组织，建设终生学习型组织；积极地为各种类型的人才提供各种不同的教育培训方式，并力争将教育培训的终身化、国际化、现代化进行到底，让人才的教育培训能够适应高校发展的需求和人才的成长与创业的需求。二是要在培养人才的基础上，通过引进竞争的方式，实现人才培养走向市场，发挥人才培养的优势，发挥人才培养的作用。三是要定期组织各种形式的学术讲座、专题讲座，以营造一种有利于培养各种类型的创新、学习、适应、竞争的良好气氛。四是要充分利用留学生创业园、博士后工作站等科研平台，将其作为聚集高素质人才的主要平台，并探讨构建以计划与专题相结合的科研机构体系，充分发挥其聚集人才的功能。

（6）构建多元化的投资体系。要增加投资，对各种资源进行综合调配，在发展投资中，继续增加在教师队伍建设中所占的比重，在重要的建设项目资金中，划出一部分，专门用来培养高层次的人才。在此基础上，应拓宽高校教师的筹资渠道，构建教师的多元化投资体系。

第三章　高校人力资源管理激励机制

第一节　高校人力资源激励基本理论概述

一、激励机制的相关概念

（一）激励的含义

"激励"这一术语在西方的行动学与管理学中被广泛使用，但其内涵却众说纷纭，莫衷一是。从管理心理学的角度来看，"激励"指的是激发人的工作热情，激发人的主动性。它是"一种内在的心理过程，一般无法被直接观测到，只有通过个人的行为来测量和推理。"根据不同的视角，我们可以对激励作出如下解释：

从激励的主客体来看，激励包括两个完全不同但相互相关的概念：一是从激励的客体，也就是个人的角度，把激励看成是一种个人状态，是可以激发个人追求目标的动力，一种"朝某一个特定目标行动的倾向"，对个人行为的起始状态、方向、强度和持久力产生影响。二是从动机的对象，即组织经理人的视角来看，动机是一种促使人追求某种目的的过程，是一种"指引人向一定目的而努力，并投入一定的能量以达到那些目的"的过程，是一种"促使人按预定的行为计划行事的行为"。

根据激励内部的心理过程，激励指的是被人们所感受到的，进而促使人们向着一个具体的方向，或者为完成一个具体的目标，而对其进行行为的推动力和压力，它指的是一种通过高水平的努力来达到组织的目的的倾向，并且是一种可以满足个人的某些需求的行为。

上述众多的定义均突出了动机在实现人们的行动目的时所起到的推动或诱导的作用。这不但体现在个人对特定目的的意愿上，也体现在个人内在的动机上，还体现在外部对个人的吸引和推动作用上。一方面，它可以被看成是一种按照个人与外部的需要，去调动和激发人的积极性、主动性和创造力的行为引导。另一方面，它还可以被看成是一种自我调节、自我发展的主观心理状态和内在机制。

（二）激励的过程

从心理学的观点出发，论述了高校学生学习动机的构成和内涵，认为高校学生学习动机由五个要素组成：需求，动机，刺激，行为，环境。

1. 需要

需求指的是当个人缺少一样东西时，所引起的一种主观状况，这是维持个人和社会生存所必需的，在人脑中的反应，一般情况下，需求会以一种缺少感或丰富感被人们所感受到。人的需要，是人的个性和积极性的来源，是人的个性倾向的表现。

激励指的就是挖掘人的客观需要，从人行为的内在需求动机入手，来激发人的积极性。从需求的源头来说，可以分为人类的天然需求与社会需求两大类；从需求的客体上说，有物质需求与精神需求之分；就人类需求的身体机理而言，可分为身体需求和精神需求。

2. 动机

激励是人们行动的内在驱动因素，是人们行动的直接外在动因。激励是一种基于需求的激励，它是一种为实现某一目的而作出的努力，它的努力水平是一种衡量其强度的标准。个体在被激发时，其主动投入的积极性愈高，其对个体的作用愈大。人类的动力是不同的，动力也是不同的需求。例如，与身体需要有关的生理动力，与社会需要有关的社会动力和精神动力。

3. 刺激

从技术上讲，需求是人们内心的一种压力，这种压力来自于欲望，要求，或者是被剥夺。一种不能得到满足的需求会引起张力，然后又会引起内在的动力。这种内在动力导致了一种追求行动，即找到一个可以实现需求的具体对象，当这个对象实现了，需求也得到了满足，从而减少了压力。从这个角度看，受鼓舞的人们可以说是处在一种神经质的状态。为了减轻压力，他们会更加卖力地工作，越是卖力地工作，越是卖力地工作。假如你的工作能够顺利地达到需求，那么压力就会缓解。令人担心的是，缓解压力的方法一定要有针对性。所以，在动机的定义里，个人的需求要与高校的目的相符合。当个人的需求与高校的目的不相符合时，个人再怎么努力，对于高校也没有什么意义。

在诱发与强化理论中，动机是指把合适的外在因素转变成内在的内在因素，并对个体的意愿与行动起到加强与削弱作用。在高校中，教职工的积极性都受到了很大的影响。一般来说，当一个人的动力被激起时，他的动力就会更大，他会更卖力地工作以达到他想要达到的目标。激发人的主观能动性，是激发人的主观能动性。人的心理、体力、环境等因素都会对其造成一定的影响。人们在完成一项工作的过程中，其动力是非常复杂的，有时还会相互矛盾。而动机因素又能对人的行为产生作用，并对其进行控制。运用激励方式，能够激发个体的动力，释放潜在的、巨大的内驱力，为达到目的而努力。

（三）激励机制

"机理"是指一个系统中的各个子系统、各个要素之间相互作用、相互联系、相互制约的形态和运动原则，以及内在的、本质的工作方法。其内涵包括：该机理根据某种规则，自发地起作用，并产生某种效果。

"机理"并非"终极后果"或"始发原因"，而是将预期转变为行动，将"因"转变为"果"。某种东西的作用是由它的作用所限制和确定的。在一个特定的体系中，机理是一种客观的、能反应事物内在本质的行为模式和行为规则的现象，是体系中各个成分相互影响的一种动力关系。一个机构的好坏，是通过它对整个机构所产生的功能的大小来衡量的。

激励制度是在一个高校的制度体系中，一个高校的激励主体。即，高校内部激励的内在关系结构、运作方式以及发展演化的规律的总和。奖励包括两个因素：首先，找出雇员所需的东西，并以此东西来奖励雇员所做的工作。其次，判断该雇员能否胜任该职位，即需求与能力是实现该职位所必需的两个因素。激励不只是无条件地单纯地满足雇员的所有需求，它要以能够在某种意义上促进组织业绩提升的方式来满足雇员的需求，要对需求满足的方式和程度进行控制。从以上可以看出，在大学的组织体系中，大学的人力资源管理激励机制是一种激励主体（大学组织）与激励客体（教师）之间交互作用的关系的总和。

（四）激励与激励机制的辩证关系

动机既相互联系，相互补充，但也存在较大差异。激励指的是激发、鼓励人的行动动机，调动人的热情与创造力。在各种不同的激励方式下，各种激励方式共同形成了一套有效的激励体系。激励是一种能够长时间运作和遵循某种规则的方法和系统；根据教职工对教职工的需求，对教职工对教职工的需求进行动态的调整与完善，以满足教职工对教职工的需求；激励是高校各层级经理必须具备的素质，而高校内部的激励制度则需要高校内部的组织机构进行设计与构建。

二、激励理论概述

20世纪初期，关于高校的动机问题已经初露锋芒，自50年代开始，随着高校的发展，对动机问题的探讨也逐渐兴起，并在高校经营中得到了应用。在动机的研究中，主要有两类：一是动机的内涵，二是动机的过程。"动机"是指"何种需求会引发动机"，是指激发、引导、维持和抑制人们的行动的要素，其目的在于理解人们的多种需求，并对"动机是什么"进行了说明，如马斯洛的需求层次论，赫兹伯格的双重因子等；而过程型激励理论主要关注的是"激励的来源"问题，它可以解释人类的行为是怎样被激发、引导、保持和抑制的，它关注的是人类在不同需求下，怎样去应对不同的机遇，怎样去选择合适的激励方式的理论，它涉及到了"教职工为何要努力工作"和"怎样才能让他们更加卖力工作"，其中有亚当斯的公平理论，弗鲁姆的期待理论等。在此基础上，建立和执行激励体系，是现代高校组织机构的重要组成部分。以下将逐一介绍各种动机的理论。

（一）内容型激励理论

1. 需要层次理论

需求等级理论

"新动机论"[①]最早由美国人文主义心理学者马斯洛于1943年在其著作《人类价值新论》中被提出。他将人的各种需求分为生理需求、安全需求、归属感与爱心需求、尊重需求以及自我满足需求五大类。

（1）生理需求

这是人们为了维持自己的生活所必需的最基本的东西。如对吃、喝、穿、住等方面的需求，都属于物质需求。如果这些需求没有得到解决，那么，人们的存在将处于危险之中。在转移到更高水平的需求以前，人类会把所有的精力都放在这些需求上。因此，这种最迫切、最卑微的需求，是人类行为的最有力的驱使。

（2）安全需求

当人类的身体需求被满足时，他们就会有安全感的需求。安全需求包括劳动需求、职业需求、环境需求、社会需求等。当对安全性的需求得以实现时，对于疾病，失业，养老，意外灾难等等的担心和担心也就随之消失了。

---

① A.H.马斯洛.人类价值新论[M].胡万福,谢小庆,王丽,等,译.石家庄：河北人民出版社，1988.

（3）归属感和爱情需求

当第一个需求和第二个需求都被满足之后，一个人对于归属感的需求就会变得很有动力。比如，人们希望与同事、朋友之间建立并维持友情，希望从他人那里获得舒适与帮助，希望被他人所信赖与爱护，希望在群体中能有一份属于自己的感情，从而让自己有一种归属感。

（4）尊重需求

当他们的社会需求得到了满足之后，他们会更在意自己的名声，地位，以及被他人所看重和欣赏。人总是期望受到他人的尊敬，期望自己的才能与成就被大众所认可与欣赏，期望在群体中获得一席之地。

（5）自我实现的需求

这是一种更高级的需求，一般情况下，人都会想要把自己的智慧和潜力完全地展现出来，或是去做一件有意义、有价值的事，这样才能达到他们心目中的目标。

人从低到高的五种需求，组成了一套系统。一般来说，人们对动机的认识是一个动态的过程。人类往往从寻找最下层、最基础的需求开始，而在底层需求得到了满足之后，对更上层需求的需求便会变成人类行为的动机。

当一个人的行动被他的最紧迫需求和他的优越性需求所支配时，他的行动就会被他的最紧迫需求所支配。因此，人类最为紧迫的需求，就是促使人类行动的主要动力。以上所需的心理力量，通常是从低到高依次递增，但是这个次序并不是一成不变的。其实，要达到较高和较低的需求，只是一个相对而言的过程。本节通过对该问题的调查，得出结论：其实，人的需求是多种多样的，层次的，隐含的，变化的。

需求的多样化，意味着一个人在不同的阶段会有不同的需求，甚至在同一个阶段，也可以有不同程度、不同功能的需求。需求的层级，应当是一个相对的层级，而非一个从低到高的层级，需求的层级应当根据其紧迫度来确定。人们在各个阶段所感觉到的最大需求也各不相同。

需求的隐蔽性，是判断需求的一个理由。一个人的生命中有很多需求，其中很多需求都是以一种潜在的方式出现的。只有在某一点上，因为客观和主观的情况有了改变，人们才会意识到并感受到这种需求，这就是需求的可变性。

当前，我国大学教师的经济收入仍然处于中等偏上的地位，虽然在16个职业中处于较高的地位，但是与他们所投入的劳动以及教师的个人发展和个人的投入还不能很好地匹配。其次，大学教师与其他产业相比，尤其是与外国同行相比，存在着巨大的差距，所以，以改善教职工的福利为主要内容的物质奖励仍是一种很好的办法。

与此同时，在当今的时代，科技飞速发展，知识更新速度快，这就需要大学教师不断地主动地进行知识的更新，以应对日益加剧的市场竞争。其次，只有通过持续的学习，我们才有可能获得更多的自我实现，从而满足人们对自我尊重的需求，自我实现的需求，以及其他更高的需求。这就需要在为每一位高校教职工制订自己的职业生涯规划时，要将能够持续地向他们提供学习的机遇和发展的空间纳入其中，并用制度来公平地保障每一个认真工作的人都有可以实现自己的机会。

总之，要想激发教职工的工作热情，就必须要有针对性地采取多种对策，使教职工的工作热情得到充分的体现。需求的多元化和复杂性，使得大学机构在与大学教师讨论他们的职业生涯计划时，必须与他们进行足够的交流和理解，从而制定出一份适合他们长期发展的计划；在对过去教师的生涯计划进行定期的回馈和评价的过程中，可以更好地掌握教师自身的状况，及时作出相应的调整，达到学校和教师之间的共赢。

2. 双因素理论

二因子"理论"由美国心理学家费雷德里克·赫兹伯格于20世纪50年代末所提，主张要激励工作，首先要让人感受到工作的意义，并从工作自身中去挖掘个人的内部动力。在此基础上，本文对影响教职工工作动力的主要原因进行了分析。

（1）动机因子

"可信度"指的是那些可以激发人们在工作中最佳绩效的要素。这些要素都是从工作中产生的，它能为雇员带来巨大的动力，并能让他们对自己的工作感到满意。假如这些要素没有得到实现，雇员并不会感到更大的不满，而是仅仅感到不满足。

（2）健康因子

"因子"是一种能确保雇员在工作中不会感到不满的东西。这些都是与工作环境有关的。若上述要素不具有，或存在瑕疵，则势必导致职工的工作不满意。然而，改进这些要素，也只是让他们不再感到不满意，并没有给他们带来太大的动力。

通过对健康影响因子的研究发现，健康影响因子是由于个体存在回避不满的需求而引起的；由于个体存在着不断增长、不断满足的需求，促使个体获得满足感。但是，这两种要素在本质上是完全不同的，它们是相互独立和区别的。相应地，伯格指出满足感的反面并非不满足感，只是缺乏满足感；与不满相对的那一方也并非不满，相反的那一方并没有不满。健康因子存在与否及强度大小，与"无不满"或"不满意"相关联，由于健康因子自身的性质，其不会带来增长，因而不会引起工作人员的正向满足;有无动力因素以及动力大小,分别与"满意"与"没有满意"相关联,由于人的精神发展依赖于成功,要想获得成功,必须要工作,因此,动力因素作为工作因素,对于人的发展来说,是必不可少的,动力因素可以给人一种精神上的动力,从而推动人们不断地追求自己的成功。

它建立在对知识精英的调查基础上,对于如何调动教师的工作热情,以及如何调动教师的工作热情具有一定的借鉴意义。结合中国大学人才的特点,运用双因子分析法进行大学人才培养具有重要的现实意义。作为一种知识阶层,大学教师作为一种独特的群体,他们渴望获得成功,普遍认可责任感,注重个人发展和自我实现,这些都与激励要素的主题一致。与其他人群相比,大学教师对于工作环境、管理与政策等方面的关心程度要低一些,这是由于大学教师已经基本拥有了一个固定的生活环境、较好的工作环境和政策的倾斜等因素。大学教师从心底里关心自身的价值,关心他们的知识是否被社会认可,关心他们的努力是否被社会所认可。在构建大学的人力资源管理的激励机制过程中,如果个体和机构都已经制定好了计划,那么在计划实施之后,肯定会有一套系统来保障计划实施之后的反馈。通过这种经常性或者不经常性的沟通,让大学机构和教师都能够清楚地了解自己的发展进程和发展趋势,并能够适时地进行相应的调整。与此同时,大学机构还应该强化教师的荣誉意识,培养教师对教学的专注和严谨的态度,这将会起到很大的作用。

(二)过程型激励理论

1. 期望理论

美国的心理学者弗鲁姆在 1964 年的著作《工作与激励》[①] 中提出了这一观点。他相信,当一个人期望自己的行为能够帮助他实现一个特定的目的时,他的动机就会得到最大程度的调动,并促使他为实现这个期望的目的而努力。他相信,一个人的目的将会对其工作的动机产生影响。只要你付出了代价,你就会得到更好的回报。

如果一个人对结果和目的无动于衷,那么他的价值就是 0;如果个体想要获得这样的效果,那么它的效价就是正的;如果人们不想要这样的效果,那么它的效价就是负的。唯一的动机是在效价超过零的情况下。并且,越是有价值的东西,就越是有动力。而且,期望越高,说明这个人完成任务的几率就会更大,动力也会更大。因此,如果一个人对于一个目的(行动的成果)有较高的效价,并且有较高的期望,那么利用这个目的来激发他们工作的动力是非常有效的;当一个目标具有较低的效

---

① 维克托·弗鲁姆.工作与激励[M].佚名译,北京:机械工业出版社,1964.

价而较高的期望,或是一个较高的期望而较小的期望时,就不会促使一个人采取主动的行动去实现这个目标;当一个人对一个特定的目的的期望和价值都很小的时候,动机就会更小。

根据预期理论,要想激发雇员的工作动力,经理人就得为雇员设定一个有吸引力的、对其效价有很高影响的目标,并且要为雇员通过自己的努力能够比较满意的实现该目标。当高校的经营管理绩效指标对高校的绩效指标不够高时,高校应当采取适当的措施,如:对高校经营绩效指标进行适当的调整和变更,以达到高校经营绩效指标的目的;

从上面可以看出,在期望和效价方面,高校组织要掌握好教职工的期望值和价值观的脉络,并利用多种政策取向和措施,确保它们的实现。例如,在一般情况下,教师对技术岗位的期望要比对行政岗位的期望要高,对技术岗位的期望也要比对经济薪酬更高,因此,在这种情况下,高校应该将教师技术岗位的提升当作一种主要的激励方式,这样一定能够达到想要的激励效果。在探讨教师管理激励机制时,高校应该重视的是实现教师与教师的共赢,并最终实现教师的个人目标与教师的组织预期的最佳统一。

2. 公平理论

美国行为学家亚当斯在他的《工人关于工资不公平的内心冲突同其生产率的关系》《工资不公平对工作质量的影响》和《社会交换中的不公平》等文章中提出了一个新的动机理论,也被称为"社会对比"[①]。亚当斯相信雇员们对于他们所得到的公正和公正的待遇非常在意。其工作动力,不但受到工资绝对数值的影响,还受到工资相对数值的影响。换言之,个人所关注的既有绝对收入,又有相对收入。他们都将自己所投入的和获得的回报同别人所投入的和获得的回报作了社会上的对比,也将自己目前所投入的和获得的回报同过去所投入的和获得的回报作了历史上的对比。与别人相比,期望获得公平;在自己的对比中,期望得到公正、合理的工资待遇。

因为任何事情的公平与否都会对人们的工作热情产生直接的影响,因此,组织的领导人要对高校教职工的劳动(投入)进行科学的分析,并在管理上尽量做到公平、理性。公正是一个价值观。是否公正,不仅取决于特定的社会文化环境,还取决于双方的价值观念。在工作过程中,高校管理者应该努力做到处事公正、公开。与此

---

① 斯科特·亚当斯.跳出你的思维陷阱[M].杨清波,译.北京:中信出版股份有限公司,2021.

同时，在大学所构建的人力资源管理激励机制的制度上，需要高校教职工和高校组织进行积极的交流和反馈。

3. 目标设置理论

洛克是美国马里兰大学的一位管理和心理学教授。洛克等人的实验结果表明，外部因素（如奖励、工作反馈、领导压力等）会对激励产生作用，从而对激励产生作用。目的对行动进行导向，促使个体对困难进行相应的调节，从而对行动的持续性产生影响。因此，通过一系列的科研工作，他在1967年首次提出了"靶向设定理论"。它认为，目标可以将人的需求转化成动力，让人的行动向着一定的方向前进，并将自己的行动结果与已设定的目标进行比较，并适时地进行调整和修改，最终达到了目的。这个将需求转变成动力，并在动力的引导下实现目的的方法被称为"目标驱动"。目的动机的有效性与目的自身特性及环境因素有关。

任务具有两种最基础的特性：清晰度和困难。就清晰程度而言，可以采用含糊不清的方式，比如只说"拜托了"；目的也可以很清楚，例如："十分钟之内完成25个问题。"有了清晰的目标，就可以让人更加明白该如何去做，该怎样去完成。目的是为了更好地了解个人的才能，同时也是为了方便地评估个人的才能。显然，一个没有明确目的的学生，不能指导学生的行动，也不能评估学生的成就。所以，越是清晰的目标就越是好。其实，由于人类对自身行动的认识趋向，清楚地认识到其自身的动机，因此，其自身就会产生一种动力。认识到行动的动机与后果，可以降低行动的盲目，提升行动的自控力。此外，高校经营管理的目标是否清晰，也会对高校经营业绩产生一定的影响。其次，根据任务的难易程度，可以将任务分解为较简单的任务；比如20分钟完成10道题；平均水平是20个问题20分钟；有难度的，30道题在20分钟之内答完，或是根本不可能答完，例如100道题在20分钟之内答完。困难是根据个人与对象的相互影响而定的，对于某些人而言，相同的对象很简单，但对于另外一些人而言却很困难。超过400项的调查表明，学习成绩与学习任务的难易程度成正比。但要做到这一点，必须要有足够的实力，而且要有足够的决心才行。在这种情况下，工作难度愈大，表现愈好。由于工作人员能够针对工作的困难进行适当的调节，因此，工作人员的工作表现与工作目标的困难等级呈直线相关。所以，在目标设定理论看来，设定一个能够实现的目标是一种强大的动力，它是实现工作的最直接的动力，也是提升激励水平的关键环节。因此，领导者应该将目标设定作为一种激励工具，让高校中的各个层次的教职工都能够看见并达成自己的目标，这是激发教职工动机、调动教职工积极性的一个重要方面。

这个完整的目的设定模式叫做"高性能周期模式"。该模式以清晰的、困难的目标为起点。高的投入，适当的回馈，高的自我效能，并采取适当的对策，可以提高学生的学习成绩。如果高表现带来了期望的奖励，比如诱人的报酬，那么高满足就会出现。工作满意度与工作承诺密切相关。高度的投入也使得教职工更有意愿继续从事这项工作。同时，满足程度越高，个体的自我效能越高。教职工对自己工作的满足和投入使得他们乐于迎接新的挑战，从而创造出新的高表现周期。反之，若不能达到这种高性能周期所需的诸如较小的挑战、较小的收益等，则将造成较小的性能周期。

在这种情况下，激励教师工作热情的效果也会更好。第一，在制订具体的工作目标时，应充分考虑到工作人员的满意程度，从而使工作任务发挥更大的动力。第二，要把握好所设定的任务的难易程度。当一个人在挑选、确立一个目的的时候，他也会受到这个目的的制约。学校领导的工作目标，必须在教师认为具有一定的价值和完成可能性的情况下，对教师的工作目标和工作目标的激励效果才会更好。第三，要继续制定新的发展计划。在某个特定的目的达到之后，要适时地引导全体教师进行下一步的工作。将学校各项指标整合为一个指标系统，以保证教师始终处于较高的工作积极性。第四，要注意大、中、小、远、近的统一。

如果大学的领导能够让每一名教师了解到组织的目的，为他们提供有意义的工作机遇，使他们有能力去完成自己的目的，并在一定程度上给予下属肯定自己的目的，那么教师的工作动力就会既满足了自己的目的，也满足了自己的目的。当一个不明确的组织目的被强行施加到每个人身上时，每个人都没有机会去完成自己的目的，就会引起教师的不满，进而引起学校的动荡。

一般情况下，设定目标是一种程序，经常是一种重复的程序。通过对目标的反馈，能够将教师的工作状态向上级反映，从而使教师在工作中不脱离原有的工作轨道。另外，教师在参与设定目标时，会感觉到达到了机构的目的，可以带动了个体的目的。通过这种方式，他们可以认识到自己的职责与价值，从而提高工作的积极性，在达成目的之后，还可以获得一种成就感。另外，大学教师在课程目标设定过程中，可以增进教师对于机构的认识，并更容易被大学教师所接纳。

（三）行为改造型激励理论

1. 强化理论

美国心理学家斯金纳相信人类的行为可以被划分成"响应行为"。对答反应是一种与生俱来的能力，是一种不用学习也能学会的能力。运筹行动是指人在一定条件下对周围的事物施加影响，从而使其产生效果，从而使其变得更强或更弱。所以，我们可以通过对外界环境的调控，来改变我们的本性。在管理学中，利用增强理论对人的行为进行重塑主要有三种途径：

（1）正面加强。正向强化就是对一些人的积极的表现，给予他们一定的物质和精神上的激励，从而促进他们的这种表现反复发生并不断加强。比如，可以通过给那些在高校中有出色业绩的人增加工资、发放奖金、晋升、认可、欣赏、表扬等方式来激励他们，让他们能够更好地为高校工作。

（2）消极的加强。而消极强化则是通过提前告诉个体，个体若采取非遵从的行动，可能会产生不良的结果，从而激励个体采取遵从行动，以规避不良结果。在某些不符合标准的行为发生变化的时候，要将某些令人不舒服的刺激（例如，批评等）降下来，这样，变化之后的行为，即良好的符合标准的行为，就会被重现并增强。

（3）处罚。处罚就是在一个人做了一些不顺心或者不想做的事情之后，为了避免他再犯，而把他喜欢的事情去掉。

比如，为了纠正雇员的一些坏习惯，可以采取罚款、扣奖金、降级或开除等措施。应该注意到，在以上四种形式的强化中，正面的强化可以提高工作效率，从而对工作产生最大的作用。处罚和撤职只是让雇员们明白哪些事情是不该做的，哪些事情是他们必须要去做的。相反，负面的强化会让雇员生活在一个起伏不定的、令人不舒服的环境中，从而产生相反的效果。

高等学校的教师是教育工作的主体，教师的工作直接关系到一个民族的科技水平以及社会主义的物质、精神文化，教师是高等学校发展的首要因素。因为教职工拥有较强的高预见性和较强的自我调节能力，所以他们通常不需要处罚，对负强化也无需别人去提醒，所以能够被高校组织所关注的只有正强化。范例的威力是无穷大的。示范鼓舞是对表率自身的一种施压，是对同样处于领先地位的人的一种挑战，是对普通人和落后群体的一种示范和引导。所以，楷模应该被认可，被权威所认可，能够引起人们对它的信任情绪。在构建一套有效的人力资源管理激励机制的时候，一定要考虑到一个问题，即应该由哪一位代表一所大学的机构，与教师们进行沟通和沟通，从而获得教师们的信任。那么，这个代表就应该是大学机构中具有一定学术或行政方面的专业人士，比如说，在该机构中，可以是某一所大学机构中的专业领军人物，也正是因为这样，他们的表率和表率效应，才可以构建出一套有效的人力资源管理激励机制。

2. 归属理论

归因是从一个行动的后果出发,对其进行推理的一种方法。从已经确定的成败结果中,找到获得最大动力的方法。

一般而言,一种行动的产生,根据其产生的动因,可分为两类:一类是外在动因,一类是内在动因。外在因素也可以被称作"情景因素"。在这个意义上,对一个人的行动作出评判,其理由是由外部条件和社会舆论等因素所决定的。内在的因素也就是我们所说的个体的倾向性归因。在这个意义上,对一个人的行动进行评判,主要是由一些客观因素所决定的,例如,利益,信念,态度,性格等等。

不同的归因会对教职工的工作态度和激励产生直接的作用,从而对后续的行动和工作表现产生影响,对当前和以往的成功或者失败的归因,会对未来的预期和持续努力的行动产生影响。人们通常有四个因素:努力程度,能力,工作难度,机遇。

归因是激发学生成就动机,促使学生持续努力的关键因素。取得成绩取决于对以往工作成果的各种评价。在这一点上,心理学家通过试验,提出了以下观点:

(1)如果你将自己的失败,归咎于自己的愚蠢和能力不足,那么你就不会有更多的动力和毅力。

(2)认为自己没有尽到最大努力的人,在未来的工作中表现出更大的毅力和毅力。

(3)将行为失败的原因,归结到工作(学业)任务繁重、工作困难等不稳定的外部因素上,将使行为人的自信心、成就动机、行为的努力程度与毅力下降。

(4)将失败归咎于不确定的外部因素,如偶尔的疾病或其他意外,并不必然会减少人们行动的动力,使人们产生了尝试或执著的行为。

简而言之,将失败的原因归结到稳定性的原因上,就会减少对胜利的期待,丧失自信,表现出不再坚持,不再努力;将不确定的原因归结于不确定的原因,使人更有自信,更有毅力,更有可能取得胜利。

3. 挫折理论

沮丧是一种在个人遭遇困难之后,所导致的一种情感状况,它是一种个人进行有目标的行为,但是在周围的环境中,却遭遇了一些困难或干扰,从而导致他的需求和动机无法得到满足时的一种情感状况,它属于一种社会心理现象。挫败理论关注的不是挫败本身,而是挫败感,这是由于,挫败的发生常常不受人的意志所左右,但是,因此造成的挫败感以及它对行动的作用,则会随着人和情况的不同而不同。挫折不仅可以带来正面影响,促使个人进行创新变革,提高自己的解决问题的能力,同时也可以带来负面影响，个人会因为受到的打击过大而感到精神上的疼痛，从而造成一些行为上的偏差。

在面对逆境时，由于人的个性差异，其防御行为会有多种不同的表现。身为一名经理，在发现自己的教职工出现了攻击、冷漠、幻想、退化、忧虑、固执等现象时，应该对他们进行恰当的处理，例如：给他们一个宣泄情绪的机会，对他们的攻击要宽容，改善他们的工作环境，对他们进行心理治疗等。

运用挫败理论，对高校进行有效的管理，一是要尽可能地减少可能导致高校挫败的因素，防止其遭遇不必要的挫败；在遇到困难时，要尽可能减少困难的负面效应，可以通过心理咨询和心理治疗等方式，增强其对困难的承受能力。

上述的各类激励理论，从各自的视角入手，其所关注的内容也不尽相同：内容型激励理论更注重从人本主义的视角来探讨满足人们的各种需求以激发人们的积极性，过程型激励理论更注重从认知过程来对激励中的期望、目标、结果或公正原则等因素的作用进行说明，而行为改造型激励理论则更注重从行为主义的视角来分析强化、归因和挫折对人的行为的影响及对人的积极性的提高。一个好的激励不仅仅是一项或两项措施那么简单，它应该是一个多学科的、有机的、动态的、一个完整的、良性的、动力学的、系统性的、多学科的综合运用的动态的、多层次的、多角度的、多层面的、多方面的、多因素的有机结合的一个整体的、积极的动态的体系的活动。基于上述内容性激励理论、过程性激励理论以及行为改善性激励理论，大学应该建立有效的人才培养激励机制。在此机制中，大学组织关注的重点是"培育一流的人才和教师"，而教师关注的重点是"自身发展和自身价值的实现"，因此，要做到二者的融合，就需要将其构建成一个良性的、动态的体系。

第二节　高校人力资源激励的基本原则

一、实事求是原则

激励就是对教职工的行动进行约束与导向，从而帮助高校达到其所要达到的目标。要想控制别人的行动，关键在于：找出别人想要的，然后帮他们得到。需求是一个人的动力和行动的最直接的动力。因此，领导的激励运作，就是要针对教职工的客观现实需求，给予适当的激励和鼓励，从而激发他们的工作热情，从而实现激励的目的。

二、物质激励与精神激励相结合原则

由于物质利益是人最根本的需求，是人进行各种社会行为的主要动力，因此，在对其进行激励时，一定要把对其给予足够的重视。对于物质报酬，我们要坚持"按劳分配"，坚持"责任制"，坚决反对平均主义，坚决反对吃"大锅饭"。然而，人们的物质需求比较低级，其需求一经获得了满足，便难以激发人们的积极性。此时，更高层面的心灵需求，就成了人类最大的追求对象。而对个体而言，精神上的满足又是促进个体自我发展与自我提高的一个主要因素，因此，对个体进行精神上的奖励，也可以对个体进行精神上的激励。

物质激励与精神激励之间存在着一定的联系，但也存在着一定的不同。物质激励是基本的，精神激励也是基本的，在进行激励时要将两者进行有机的结合。在目前的条件下，对于大学教师的激励，不应仅仅给予物质上的奖赏，而忽略了长远的目的；但也不能超过这个时代，只能给他们一些精神上的鼓励。要在持续地满足教职工的物质需求的前提下（其中包含了奖励的内容和形式），还要持续地进行精神激励，让他们的精神生活得到充实，从而提升他们的思想意识和工作积极性。

三、奖惩综合的原则

尽管在激励实施中，奖惩都是不可或缺的手段，对教师的成长与发展起到了重要的促进作用，但在理论与实践的意义上以及在二者之间的对比上，奖惩的效果要优于处罚。这是由于，奖赏是一种对人具有正增强作用的信息回馈，它不但会给予人愉悦的回馈信息，同时也会给予人一定程度上的物质与精神上的满足，这些都是人所希望的；但是，处罚是一种负面的、对人产生负面影响的信息反馈，它既会给予人一种禁忌的反馈，又会造成人在物质上和精神上都会有一定程度的损失，这是人所不愿意看到的。

在实际应用中，应把握好两个方面的基本原则：一是二者有机统一，互为补充。虽然赏与罚是两种不同的激励方式，但是它们往往是紧密相连、密不可分的。在制定奖惩制度的时候，应该要实现有奖有罚，奖中有罚，先罚后奖等多种方式，以确保奖惩的激励效果。二是"重赏轻罚"。在实行赏罚时，总体上讲，赏的数量要多一些，罚的数量要少一些；赏罚分明；赏的时候要大，罚的时候要小；应该在公众场合实施奖惩，而应该在个人场合实施。从而使教师的正面作用得到最大程度的激发，负面作用得到最大程度的遏制。

四、及时与适度原则

动机是一种激发人的动机。这些信息不仅能够强化个体的正确的行动取向，而且能够影响个体的行动取向。但是，在没有恰当的时间进行奖励的情况下，由于没有得到适当的奖励，行动者常常会因为没有得到适当的奖励，导致行动者从热情的巅峰摔下，出现不满意、负面等现象。这是由于人的行动是连续的，因此，奖赏不仅是对人行动的"等值回报"，还起着承前启后的功能。所以，在教师工作中，只要有了较好的业绩，或者有了较大的进展，就应该尽量做到对教师进行嘉奖，这样才不会使奖赏的效果减弱。

适时与节制是相互关联的。在适当的时候，适当的时候，可以使激励的效果最大化。这就需要我们在执行奖惩制度时，不能有"有功必有赏""有失必有得""无过必有报"。如果没有明确的奖惩制度，或者没有适当的奖惩制度，不仅不能产生激励的效果，还会使教职工的工作热情受到打击，这就得不偿失了。而且，奖励的力度也不能过大，也不能过小。这是由于大量的奖品，让大部分人都不用付出什么代价，就能轻松获得，从而形成了一种"大锅饭"。如果奖赏得过低，就会让人觉得干得多干得少，没有什么差别，工作的动力就会很低。

五、公平和公正原则

人们常常把自己的工资和付出同他人的工资和付出进行对比，如果二者的比率大体相当，人们就会感觉到公正和满足，这样就能激励人们去工作。若二者之间的比率不一致，则会使人产生不公之感，产生不满情绪，进而会使人产生工作热情。因此，在进行激励的时候，高校的领导者们一定要做到秉公执法，去私利，坚持公平公正的原则，防止在激励过程中出现人为的偏向，让激励变成一种对教师的良好行为进行奖励、调动教师工作热情的一种有效的方法。

要想让激励达到真正的公平性和公平性，就需要考虑如下问题：第一，激励的力度一定要与激励对象的功过保持对应关系，不管是对物质的激励，还是对精神的激励，都是这样。第二，在决定奖励对象时，要一视同仁，无论身份地位，都要一视同仁；没有上下，没有左右。第三，在鼓励别人的时候，一定要将功劳和过错区分开来，不能将自己的功劳和过错隐藏起来。第四，鼓励的公平性、公正性，也体现为鼓励教职工参与，为教职工提供同等的参与空间和条件。第五，在激励中体现出公平性、公正性，同时也需要在激励的全过程中体现出民主、公开的特点。

六、民主与公开原则

民主不但体现在一国的政治体制中,更应该体现在人民群众的日常生活中,体现在他们的社会活动中,体现在他们的组织中。奖赏是一项特定的组织行为,其目的在于使每一位会员都享有与会员同等的民主性和公平性。并且,奖罚方式以及最终的奖罚效果,都要以科学化、民主化为原则,集中反映。一种不容许当权者滥用职权,阻挠别人对其进行民主评价的行为。伴随着社会的不断进步,人民群众的民主性、参与性越来越强,表彰工作也越来越需要以民主性为前提,以更好的方式进行。

与民主相关联的是开放性。要充分发挥教师的工作热情,增强教师的工作效能,同时要克服教师工作中出现的种种不良现象,如官僚作风等,就需要增强教师工作"透明度"。由于奖金制度关系到教师的财政、政治等方面的重大问题,因此,在实行奖金制度时,一定要坚持"公开化"的原则。通过这种方式,既能让老师们更好地掌握评审的各个环节,也能更好地参与到评选中来。对于这一问题,领导者应当做到:①切勿以自己的观点而代之于人民的观点。②对下属的赏罚应给予充分的重视。③要减少奖赏的神秘色彩,避免采用"发红包"形式。④以广泛的宣传动员为导向,实行表彰奖励的公开透明。推行民主与公开的奖励制度,不但对先进进行了肯定,还可以对先进者的工作方式和工作经验进行全面地介绍,让教职工对自己的本职工作更加关注,从而提高了他们的主人翁责任感。同时,这种做法还可以帮助他们树立先进典型,让他们学习有了楷模,有了方向,从而激发了他们的竞争意识,将每个人的工作热情都完全地调动起来,让组织能够最大程度地发挥出其整体效应。

第三节 高校人力资源激励的方法

要实现对教职工的有效激励,不仅要具备一定的理论基础,更要具有一定的操作技巧。然而,由于高校与事业单位在其组织结构、"产品"的处理目标等方面存在着较大的差异,所以,在事业单位中所使用的某些激励手段,在高校中并不能得到很好的应用。因此,对大学人才进行有效的激励,就需要对大学人才进行有效的激励。

一、待遇的激励方法

在动机理论方面,我们已认识到,在国际上,医疗服务通常被归入"保健因素"

范畴，而在我国，医疗服务本身也包含着"激励因素"的成份。优厚的福利可以保障和维持教职工的工作热情，差劲的福利则会引发教职工的不满意，使教职工的工作热情受到影响。

此外，完善的薪酬制度，是一所大学用来激发、吸收和适应社会需求的一项基本制度。所以，优厚的薪酬制度是高校顺利运行的一个重要条件。

（一）"工资待遇"的合理性是激发教师工作热情的根本途径

教师薪酬是指在高校中从事教育与研究工作的教师所获得的货币性补偿，它是高校薪酬体系中的重要内容。因为，薪酬是解决教师生活需求的一个主要途径，教师既能感受到自己的生活有了保证，又能感受到自己社会地位和自我实现的标志。一般来说，一个好的薪资水平，可以提高教师的满意度，也可以提高教师的工作热情，所以，在"劳绩挂钩"和"奖勤罚懒"的基础上，建立一个大家都满意的薪资水平体系，从而保证教师的工作热情得到充分的体现。要保证一支合格的教师队伍的稳定性，并能从外部引进更多的优秀教师来学校任教或做研究，学校的教师薪酬不仅要保持在与社会一致的水准，而且还要保持一定的竞争性。如果能将工资总额、加薪幅度、工资体系、结构、奖金、退休金等问题单独制定出来，让所有的教职工都能理解，那就更好了。

在进行薪酬结构的设计时，应将薪酬分为两个方面：一是薪酬，二是绩效。在高校教师的工资结构中，教师的工资结构主要包括岗位工资、薪金工资、福利补助等。为将薪酬与绩效挂钩，更好地实现薪酬的激励功能，在设计固定薪酬的同时，还额外设计了一项绩效薪酬。对那些在工作中尽职尽责的教师，给予相应的奖励。通过这种方式，老师们将会更加卖力地为学校工作，以获得相应的奖金。

由于薪酬对教师的激励起到了很大的影响，因此，高校领导在制定教师薪酬体系时，应当遵守如下几个基本原则：

1. 公平性原则

高校教师对薪酬分配的公平性，即对薪酬发放的公平性的判定与认知，是高校在进行薪酬制度的设计与实施薪酬管理时，必须要优先考量的。薪酬公平有三个层面：①外在公平；一种是在一个区域内，在同样的高校内，同样的数量，同样的职位，同样的工作人员，其薪酬应该保持在一个水平上。他们所需要的知识、技巧和经验，也应该是一样的。②内在的公平。是指在一所大学里，在各种岗位上任职的教师，其所得的薪水应该与他们所做的工作相对应。他们觉得，只有这样，才是公平的。

③个体的公正。是一种对在一所大学从事同样工作的教师的薪酬进行对比的方法。

2. 竞争性原则

这就意味着，一所大学的薪酬水平必须具有一定的竞争力，能够与其他大学竞争，获得他们所需的各类优秀人才。到底应该把这所学校置于什么价位的市价区间，自然要看学校的财力，人才的可及度，以及其他一些特殊情况来决定。但必须要有足够的实力，不能比一般的价格低。

3. 激励性原则

即在学校内部，各级各类教职工之间，要有合理的薪酬差别，特别是对贡献大、责任心强的教职工，要有更高的薪酬，做到"奖勤罚懒"，"按劳取酬"，要严格禁止"平均主义"、吃"大锅饭"的做法。从而激发教师积极进取，促进教师在教育与科学研究中不断建树。

4. 经济性原则

教师薪酬的增加使其具有更强的竞争与激励作用，但也必然会引起人员的劳动费用的增加，因此，教师薪酬体系必须受到经济因素的约束。但是，在评价人才成本时，不仅要考虑到教师的薪酬，更要考虑到教师的工作业绩。而在大学竞争中，人力资本对于大学竞争能力的作用远远超过了其成本。

5. 合法性原则

高等学校的薪酬体系，要遵守党和国家的相关政策、法规，不能违背有关薪酬或聘用的相关法律法规。因此，学校在制订薪酬体系的时候，一定要小心谨慎，确保薪酬体系的合理性和合法性。

（二）多样的"福利待遇"是教职工努力工作的重要前提

福利：除了薪酬、花红之外，学院为全体教师发放的所有物质奖励。对于高校来说，想要尽可能地吸引并保留好人才，仅仅依靠薪酬与奖励是远远不够的，必须要将各种福利制度纳入到自己的议程中，并给予教师更多更好的待遇。对高校而言，有较好的薪酬水平，才能更好地招揽到更多的人才，才能使教师的团队更加稳固，才能增强教师的凝聚力，才能使教师安心。因此，优厚的待遇是教师工作的一个基本条件，对于维持教师队伍的凝聚力，提高教师的工作热情，具有非常好的作用。

高校教职工的福利主要包括：公共福利、个人福利、生活福利、带薪休假。公益是指州立法所确定的某些公益事业。其基本内容包括：医疗保险，养老保险，伤残保险，失业保险等等。"个人权益"是由高校按照自己的发展需求和教师的需求来选取的一种权益。其基本构成包括：住房补贴，公积金，养老金，退休金，伙食费等等。生活津贴是指为保障教师的日常生活而给予的各种津贴。其内容包括：提供法律及心理咨询服务，提供教师公寓，提供幼儿看护服务，提供儿童看护，提供老人照料，提供生活必需品，提供校内特价产品等。带薪休假是指教师在支付一定工资的情况下，可以不去工作的一种福利。假期的种类有：寒暑假，节假日，休假，疗养，病假，事假，婚假等等。

高校在设置社会福利时，其目的应当是：①要与学校的长期发展相一致。②要尽可能地为教师的短期和长期需求提供服务。③对大多数教师具有较强的启发性。④应遵守国家及当地有关方针、规定。⑤该学院有能力支付这笔补助金。此外，在执行福利时应注意：①按目的执行。②对社会保障经费进行适当的安排。③根据各项补助方案，分阶段逐步推进。④在执行过程中，应具有一些弹性。⑤防范各类法律制度的缺陷。⑥定期对教职工权益的落实进行监督。高校在制定各种福利方案时，应向全体教师提出多种可供其挑选的福利方案，采用"自助式"的方式，教师根据学校发放的福利点数，根据自己的兴趣和需要，自行挑选适合自己的福利方案。

（三）良好的"工作待遇"是教职工创造佳绩的有力保证

大学教师工作环境或条件、后勤保障及活动设施等工作条件，也是激发教师积极性的一个"保健因素"，是教师进行教学工作（如备课、作业批改、论文写作、科学研究等），提高工作效率，创出最优工作成绩的重要保障。当前，国内大部分大学教师的工作环境都不尽如人意，许多大学仅为教师配备了一些简单的办公用品（比如办公桌和椅子），其他的基本没有。如此恶劣的工作环境，会造成教师工作上的不满意，甚至在某种程度上会影响教师工作的积极性。为此，校方要努力为教师营造有利的工作环境，减少教师的怨气，提高教师的工作积极性。同时，要加强对教师的管理，提高教师的管理水平，为教师的教学、科研提供良好的服务。一般来说，为了改善教师的福利，校方可以采取如下措施：

1. 改善办公、教学和科研等工作条件

在不铺张浪费的情况下，学校和各院、系可以联合出资，合理地改造各专业的教学、科研、教学等工作场地，并对其内部进行环境装饰，使其成为一种良好的工作环境；为每位教师配备一组既漂亮又实用的办公桌，椅子，书架，书架等，如果条件允许，可以在书架上加一些隔断，尽量减小彼此之间的干扰与影响；每个办公室都配备电脑，打印机，复印机，饮水机，电话，校园网络插座，沙发，茶桌等设备。

此外，还应该在课堂上安装计算机、电子放映机等器材，让教师们的授课形式更加多样化，同时也能提高教师们的授课效果。

2. 认真做好教职工的后勤保障工作

高校的后勤工作通常有以下内容：为教职工供应各类办公用品，为教职工订购飞机和火车票，为教职工报销差旅费，通知教职工出席校内和校外的各类会议，通知教职工参与各项学术交流活动，以及对仪器和设备的维护和维修等等。做好对教职工的后勤保障工作，同样也是高校开展正常教学工作和科研活动的重要保障。所以，学校和学院两级领导都要对其给予充分的关注，并合理地安排各种工作人员来做好教职工的后勤服务工作，这样才能让教职工的教学、科研和学术交流活动可以顺利进行。

3. 为教职工提供各类活动的场所

大学教职工在开展常规的教学和科研活动的同时，也要参与到各种各样的学术交流活动、体育锻炼活动、健身健美活动以及各种娱乐活动中去。所以，学校和学院的领导要为教职工提供一个可以开展学术活动的地方，并利用工会为教职工开设健身房、乒乓房、棋牌室等体育和娱乐设施，鼓励教职工参与体育锻炼活动、健身健美活动以及各种休闲活动，从而让他们能够拥有一个强健的身体，拥有一个健康的身体，快乐地为学校的教学和科研工作而努力。

4. 进一步提高教职工的工作自主权

虽然老师们并不需要在学校里工作。但是，教师普遍要求教师在工作上有更多的自主选择权，这样教师就可以按照他们所觉得最有效率的方法去做事，并且更好地完成所布置的教育、研究工作。所以，可以针对大学教师的这种心态，在按照教学计划进行授课，参加一些重要的会议，参加一些常规的思想政治教育之外，其他的工作时间和工作内容都可以由教师自己来决定。因此，不仅能有效地发挥教师的作用，而且能让教师的教学工作变得更加多姿多彩。

二、物质奖励的激励方法

对于付出过多或表现突出的教职工，给予物质奖励。俗话说得好：丰厚的奖品会招来勇敢的人。所以，对个体进行有目的的行动，可以通过物质激励来实现。在"两要素"理论中，一般认为，物质报酬是一种"激励因素"，是实现教职工需求、激发教职工动力的一种主要方式。对教师而言，物质奖励是一种满足感，也是一种渴望，特别是在校园里，获得了物质奖励，就代表着你的工作得到了校方的肯定，证明了你为学校做出了贡献。所以，在对工作表现好、表现好的教师进行表彰的同时，学校的领导还应该适时地提供一些诸如奖金、奖品及升职等物质的奖赏，来实现教师的需求，激发教师的积极性和积极性。这不仅是对先进的激励，也是对落后的激励。

对教师的物质激励一般可分为奖金、奖品和工资增长三大类。奖励可以分为：平均奖励，业绩奖励，职务奖励，合理建议奖励，额外工作奖励，特殊贡献奖等等；这些奖励一般都是房屋，汽车，家电，文具，免费服务，免费旅行，还有各种有价值的奖励。

平均奖指的是教师在一定时间内，如期地完成了学校规定的教学或科研工作量（工作数量），因此，学校会向教师发放奖励，以激励教师的这种行为。在确定"平均数"时，应考虑：①确定"平均数"时，要做到"平均"。②对学生的学习成绩进行全面、精确的统计。③对"平均数"的确定应尽量做到"平均"，一般以50%为宜。

业绩奖是一种因教师在工作中取得一定的成绩，而被授予的奖励。建立业绩奖励制度应考虑：①业绩指标应清晰、合理。②在完成一定业绩指标后，发放的奖励数额应保持一致或统一。③采用增量式的奖励方式，以激励教师持续改善其工作表现。

工作奖励是指教师在某一时期，因其工作性质或工作性质而获得的奖励。通过发放一些职位奖金，可以让那些在这个职位上工作的人更有责任心。在设定工作奖励时，应考虑：①工作奖励的数额应适当。②不管是什么人在一个职位上或者是在一个职位上任职，他的职位或者职位所得到的职位奖励都是一样的。

"建议奖"是在教师对学院或学院的工作人员提供有意义的意见后，学院为激励教师提供更多、更合理的意见，而颁发的一种奖励形式。在提案类奖项的设置中，还需考虑：①所有提案都应当被授予奖项。②奖励金额较小，但奖励范围较广。③项目立项后，对立项项目实施后的项目进行表彰（特别贡献奖）。

"超时作业奖励"是对超出本校下达的教学、研究指标的教师给予奖励。此外，教师在假期和休假期间的加班工资，也可以计算在此范围内。在制订超时工作奖励制度时应予以重视：①要制定出一套适用于超时作业的统一算法。②对超出规定的任务，要仔细核实。③建议每个学期或每年进行一次评估。

特别贡献奖是学校对教师有特别贡献的情况下，向教师发放的奖励。在设置"特别贡献奖"时，应考虑：①"特别贡献奖"的范围比较窄，仅授予为本校作出杰出贡献的教师。②对特别贡献奖项的设置，应当适当提高。③对于获得表彰的教师，要做好表彰工作，让获奖教师和社会各界都能感受到表彰奖励的动力。

所谓的定期加薪，就是每隔一段时间（例如2至3年），对于在这个工作期间，对教师的工作表现，年度都能够符合学校所要求的教师，就会定期地提高1至2个等级的薪酬，以此来激励教师能够持续地将其优良的表现持续下去。不定时的加薪，就是在教师在一种工作中取得了显著的成就或者作出了重大的贡献之后，为了提高奖励的时效，学院会适时地对其进行晋升或者提高其薪酬水平。应该指出，通常来说，薪水是一种"保健因素"，作为一种奖励。教师必须有一个合理的薪酬，这样，教师才能保持原有的状态和工作热情，否则，教师就会产生不满情绪，从而影响工作热情。但是，涨工资是一种认可，是一种奖励，是一种"激励因素"。从而使教师的工作效率得到了极大的提升，激发了教师的工作热情。

奖励也是一种很重要的物质奖励。在分配奖金时，学校应该按照被奖金者的需求来分配奖金，也就是当对成绩优异的教师给予奖金时，在奖金的现金价值相同的情况下，奖金应该给予他最急需的东西，这样可以起到更好的激励作用。比如：对于数额较大的奖励，若该教师有住房问题，则应在奖励金额之内给予其一处住宅；如果这位教师的住所距离学院很远，而且道路也很方便，那么，可以考虑为他配备一辆轿车。对于中额奖励，若教师无计算机，则奖励一部计算机；要是这位老师家里没有电视，那就奖励一台电视。对于少量奖励，若没有电子辞典，则奖励一部；对于那些需要日常生活必需品的人，我们会给予一定的奖励。要最大限度地利用好这一物质报酬，应注意如下问题：

第一，当目标行动结束时，应给予奖赏。也就是说，奖金要根据全体教师的表现来决定。在未达到目的的情况下，对其进行奖励，则会丧失其对目的的刺激功能。

第二，当执行激励措施时，要明确激励措施的效果究竟是正面的，还是负面的。这样做也很有帮助，它能使教师感到满意。

第三，报酬的数额和大小也会产生影响。一般来说，报酬的数额和范围愈大，对未来的影响愈大。但在激励方面，激励也应该有一个限制，激励范围和激励金额并非越大，激励作用就越大。

第四，奖赏的力度要把握好。这就是所谓的"适度"，不能过高，也不能过低。如果奖赏的频率过高，那就好像一个人已经吃得差不多了，胃口却没有了；如果奖赏的数量不够，就会让人觉得永远都没有满足感。

领导者可以用设定目标的方式，让教职工明白自己的期待是什么，如何才能得到奖励，从而提高教职工的工作欲望，激发他们的工作热情。因为优秀的工作得到了嘉奖，所以教师也能意识到自己的工作成果得到了学校的整体政策，意识到自己的工作成果得到了学校领导的关注，从而获得了一种被认可的满意和被看重的动力，从而使教师的工作积极性和责任感得到了提高。

另外，在各个层次上，还要注意对教师的优劣，对教师进行适当的考核，并给予相应的物质报酬。对教师进行不公平的考核，或给予不公平的奖赏，将使教师的情绪低落，影响到教师的威信。身为一所大学的管理者，在任何时候，都要维护好自己的形象，不然，那些所谓的评论，只会被老师们嗤之以鼻，无法起到作用。

三、精神奖励的激励方法

人的行动不只是由物质的好处所决定，也会受到一些心理上的因素的影响。还有一些其他的东西，比如加薪、奖金、奖品等等，也会给学校带来很大的经济压力。因此，在资金短缺的情况下，我们可以采用一些精神上的鼓励方式，比如表扬表扬，给予肯定和赞赏，以及授予荣誉，这样才能让大家从不同的层次上得到动力。赞美能为人们平凡的生活增添温馨与喜悦，能为人的心灵增添一丝春雨，能为人的心灵增添一丝动力。通过对教师的表扬，能够让教师明确自己在团队中的地位、自身的价值以及在领导眼中的形象，能够让教师获得一种荣誉和成就感，从而激发教师的斗志。因此，在教师取得某种成就的时候，领导要适时地给予表扬，从而对教师工作的认可与肯定。教师为学校赢得了荣耀，为学校作出了杰出的贡献，应当授予他们各类的荣誉。通过这种方式，能够让教师感受到自身的价值得以满足，从而对教师工作作出更大的贡献。由于表扬、授勋等精神上的鼓励是一种提高人心的方法，因此，在对教师进行精神上的鼓励时，可以采取如下措施：

（一）寻找教职工的优点进行赞美和表扬

在大学中，教师经常根据自己的谈话内容，来判断自己在学校中的地位和地位。所以，领导的表扬对于他们的教育工作来说非常重要。得到了领导的夸奖，他们的信心和工作积极性都会大大提高。所以，如果你要激励一个人，就要注意他的工作，找到他的优点，及时给予他赞扬和激励，这样你就会获得最大的成功。在夸奖中，领导也要做到以下几点：一是要言简意赅，不能引起教师的误解；其次，赞美的内容要明确，但不能令人迷惑。二是表扬要有诚意，要从心里说出来，不然会让老师们产生疑虑。

（二）对有成就的教职工授予各种荣誉

当领导对表现优异的教师给予意外的荣誉时，他们会特别激动，特别有动力。由于受到上司的赞赏与肯定，他们会产生一种强烈的荣耀与自豪，那种特殊的奖励，将在他们心中形成一种难以忘怀的回忆。在获得这样的奖励之后，他们会觉得自己受到了极大的尊重，所以，他们会变得更努力地工作，来维护自己的尊严，来报答别人对他们的尊重。

高校教师具有较高的文化素养，因而具有较高的思想境界。他们特别注意到了心灵上的鼓舞。所以，高校的领导层应该按照教职工想要获得社会和集体对自己成绩的尊重的心理需求，对为学校的教学和科研作出杰出贡献的人员，采用授予先进工作者、三八红旗手、优秀（青年）教职工、名誉教授，以及终身荣誉等，并以奖状、奖章和荣誉证书等的形式，以年度一次的表彰大会进行落实。这不仅能让受奖者时时以此为动力，也能为后来者提供一个榜样，一个努力的方向。这样的奖励机制在社会上有着很强的号召力和影响，可以让一个学校更加团结、更加向心力。

（三）对建议者要多加赞扬和鼓励

人人踊跃地想问题，踊跃地参加校内的决定，所有的教师都成为无偿提供服务的"智囊团"，对校内的利益是很大的。因此，领导层要主动地向全体教师提出意见，并尽可能地借助他人的智慧，进行集体讨论，而不是认为只有自己有好点子，也不能认为提出意见的人是在藐视或挑衅领导的管理才能。对教师提出意见的热情，要像呵护小树苗那样呵护。

一般情况下，只有一些责任心强，具有集体合作意识的教师，会主动给上级提供一些建议。他们在谨慎地向上级提供意见之前，都会想方设法地考虑问题，这是很少见的。然而，他们在工作中所受到的限制，在工作中所处在的位置上，他们所提出来的意见，也必然有一些不足之处，有些虽然不错，却没有什么实际意义。即便如此，也应当对教师们所提的意见予以关注和认可，赞扬他们为学校发展解决问题的创新精神和主人翁精神。

至于意见，领导并没有当场发表意见，因为通常情况下，老师们都会把自己的意见当成自己的孩子一样疼爱。当着他们的面说出来，会让他们很失望，也很受伤。一旦有人提出了一个提议，他们就会知道这个提议并不现实，也就不会继续纠缠下去。即便是逼问，也能婉转地说明理由，通常不会打击到教职工的自尊与动力。即使这些提议没有付诸实施，他们也已经认识到了自身的价值，并将满怀信心地将自己的想法付诸实践，为自己的提议而奋斗。

要取得良好的评价结果，高校领导对教师的评价应注意如下几个方面：

1. 赞美教职工要持一种平等的态度

领导表扬教师的先决条件是不摆架子。亲和力是教师们所期望的领导者具备的品质。一个能和老师们一起聊天，一起娱乐，一起探讨教学问题的老师，更能为老师们所接受，他的话语也更能为老师们所理解和接受，他的夸奖也会更加自然，得体。

2. 赞美要公平公正

领导夸奖教职工其实也是一种奖励，这就需要在夸奖的时候要做到公正无私，要一碗水端平，不能一味地夸奖自己喜欢的人，而对自己不喜欢的人所取得的成就则是睁一只眼闭一只眼。要做到：①要不偏不倚。②教师要公平对待自己的学生。③适当地夸奖自己喜爱的老师。

3. 赞美要及时和真诚

来自领导者的表扬也是教师自身行动的一种回馈。教师要及时掌握并调整自身的状态，就是要加强、延续好的方面，克服、回避坏的方面。若不能得到即时的回馈，或是时间久了，教师的积极性便会降低，情感也会变得淡漠，此时的表扬也起不到多大的效果。

4. 赞美要公开和得体

一名教师在众人面前夸奖一名教师，起到了两种效果：一种是对被夸奖的教师的激励，一种是对被夸奖的教师的认可与欣赏；另外，还能起到一个表率的作用，激励大家更加卖力的工作。因此，公开表扬教师是一种很好的控制教师行为的手段。而且，当领导者夸奖别人的时候，要恰当、自然，这样才能获得最大的夸奖效果。

5. 赞美要达到情感与理性的统一

赞扬是对教师工作人员的一种鼓舞，而鼓舞又应是真诚、热情、清晰、深入、合理的结合。如果上级领导在对教职工进行肯定和表扬时，无法做到感情真诚，反而会说出一些话来，而且还带有怀疑、嫉妒甚至愤怒的话，那么，这就会让教职工觉得，他们的领导并不是因为自己的努力和成就而感到真正的高兴，这对于他们来说，无疑是一种很大的伤害。

四、感情投资的激励方法

"情感投入"的动机不在于对教职工的物质回报或精神上的鼓舞，而在于对教职工的情感沟通，通过对教职工的关怀、帮助、尊重、信任等情感的沟通，让教职工在受到领导的关怀、信任和重视时,有了"归属感",有了"知恩图报"的觉悟,他们就会在力所能及的范围内,竭尽全力地去激发教职工的创造力、开拓精神和敬业精神,让教职工的智慧和潜力得到最大程度的释放。所以,领导对教师进行感情投入,能让教师与教师之间的感情变得更加亲密,关系变得更加融洽,还能让教师之间产生完全的互信,并能让教师在工作中打消一切的疑惑与顾虑,这不仅能让教师在工作中更加勇敢地前进,也能让教师更乐于将自己的潜能完全释放。

(一)以关爱滋润教职工的心

关爱教师不仅是一个充满人性的领袖,更能滋养、感动教师的心灵,让教师产生一种发自心底的"知恩图报"的情感,进而为学校奉献自己的一切。如果不能做到这一点,就会让教师感觉到自己的领导是一个冷漠、没有人情味的人,从而影响教师工作的积极性。要做好一名优秀的领导者,就要经常关注、关爱教师的工作、生活,多与教师沟通,多在教师身上投入感情。只有在这种情况下,我们才能在全社会形成一种"关心、爱护、珍惜、尊敬人才"的风气。要让这种关心得到切实的贯彻,学校的领导们可以从以下几个最基础的角度来考虑:

1. 多多关心和体贴教职工

既然上司对教师的最大褒奖是关怀与体贴,那么,作为管理者,特别是作为基层管理者,应该从下列几个角度来表现自己的关注与关怀:①关注教师的日常生活。②密切关注全体教师的健康情况。③为教师过生日。④在教师离校时,要做好迎接、告别等工作。因此,领导要从细节上去关心教师,让自己充满人性,才能感动教师。

2. 给后进者多一点帮助

针对工作能力差、工作积极性差的教师,要多加关怀与激励,克服其工作积极性,增强其工作能力。这不但能打动他们自己,还能影响到其他的教师,从而引起他们的钦佩。与此同时,领导也要想办法为教师们解决他们的现实问题,为他们的家庭问题提供帮助。

3. 勇于为教职工撑腰

在手下遭受到一些居心叵测的人的时候,作为一名领导者,应该在遇到一些不公平的事情的时候,挺身而出,为他们出头,并且要给他们一个相对轻松的工作环境。如果上位者对此置之不理,下面人就会有一种"多干则有一错""少干则有一错""不干则有一好"的信念,那还有什么人愿意为上位者效劳?因此,作为一名领导者,要自觉地维护好自己的"贤能",就应该尽力去做。

4. 与教职工建立有效沟通

在日常生活中，学校的各个部门要多与教师进行积极的沟通，培养教师之间的互信，引导教师搞好各项关系，并在周末和工作之余，到教师家中走访，培养教师的"私交"。这样一来，校方和老师们就可以开诚布公地交流了，两个人之间的关系也会变得更加亲密。透过这样的人际关系，不仅可以显示出领导对教职工的关爱、尊重与信任，而且可以把领导的意愿传递给教职工，让教职工更容易认同并把意愿付诸实践。

5. 成立教职工俱乐部

人是有感情的，大学教师也不例外。一般情况下，教师们都会想要一种归属，想要在一定的群体中获得照顾和协助，想要在一定的群体中获得快乐。所以，应当为他们建立一个学校或院级的教职工俱乐部或教职工活动中心等，帮助他们解决问题，为他们提供各种各样的结交朋友的机会，开展各种各样的文化、体育和娱乐活动，丰富他们的空闲时间，让大多数的教师在这些空闲时间里可以获得一种感情上的寄托，也可以体验到一种生活的快乐。

（二）让教职工的自尊心得到满足

根据"需求层级理论"可知，人类总体上有五种由低到高的需求，而"尊重"需求则是一种更高的需求。教师受到领导的尊敬，不仅可以让教师的尊严得以实现，也可以激励教师的工作积极性。而且，教师还能得到教师的尊重与支持，从而使教师能够更好地发挥其"无权利"的影响作用。因此，对此，学校的各个层面都应引起足够的关注。一般情况下，我们可以从下列几点着手：

1. 尊重教职工的优点和长处

每个人都想受到他人的尊敬与认可，只有受到他人的肯定，才能使一个人的自信与创造性得以发挥。所以，作为一个领袖，应该学会从他人的缺点中发掘出他们的优势。

2. 尊重教职工的知识和能力

大学教师普遍具备各种领域的基础理论知识、专业知识、科研能力和工作能力，他们的知识和能力是十分珍贵的，对我们的社会主义教育和现代化建设具有十分重要的作用，我们要予以高度重视。同时，对知识的尊敬，也是对"人才"的尊敬，因此，对教师来说，也是一种自我实现的过程。

3. 尊重教职工的人格和资历

大学教师一般都具备较高的素质和较广的知识，属于知识阶层中的佼佼者，因此，他们一般都有着较高的个人魅力。身为一名资深教师，他的教学经验和专业能力都很强。

更重要的是，他们对自己的学院有很大的自信，并且对学院非常的忠诚。所以，对其个性及资格要给予格外的重视，要使其自尊心得以完全满足，才能使其长久地留在学校。

4. 尊重教职工的意见和建议

每个人都有一种渴望，那就是他们的观点和建议能够被他们的上司所接受。哪怕是再微不足道的提议，只要得到了上面的认可和采纳，那么这个人的工作热情就会大增。所以，我们不仅要重视他们的意见，还要鼓励他们提出更多的意见。

5. 尊重教职工的良好动机

只有尊重教师，才能激发教师的工作积极性，才能促使教师在工作中奋发图强。因此，要对教师的积极性予以足够的支持与认可，并将其转化为与之相适应的行为。

（三）以信任诱发教职工的工作热情

人是感性的生物，大部分人都会"投桃报李"或者"以心换心"，因此，当一个人被另一个人相信的时候，他不仅会感到喜悦和满意，还会想办法去报答另一个人，从而激发他对工作的积极性。领导者应"疑人不用，用人不疑"，对教职工给予完全的信任，让他们去做，让他们发挥自己的主动性和创造性，从而调动他们的工作热情。在使用"信任"的方法时，领导要注意以下几个方面：

1. 只需告诉工作目标，不必告诉工作过程

许多东西，只需把工作的终极目的说清楚即可，没有必要把整个过程都说清楚，不然，就会适得其反。究其原因，一是过分的行政会影响教师的工作热情。第二，过分的管理方式不利于教师实践技能的发展与训练。第三，过分的管理会损害高校和教职工之间的互信，降低高校的生命力和工作效率。

2. 信任自己周围的左膀右臂

一般情况下，一个有能力的人都可以构成一个领导层。但一个有能力的人，也不是什么都会的。第一把手遇到不明白的事情时，应当虚心请教，请教身边的专家，或直接委托一名得力助手来解决。一把手固然是一个班子的中心，但是有些部分的工作，还是要交给下面的人来干，这样才能使下面的人尽其所能。

3. 疑而不用与用而不疑相联系

如果一个人，在经过了考验和仔细的研究之后，他认为这个人不值得信赖，那

么这个人就绝对不能被他所利用。如果没有经过深思熟虑，胡乱使用，那就是自食其果。对有才能的人，一经任命，要全盘托出，要敢于放手，不要干涉。一个领袖，要相信一个有才华的人，要让他们自由地施展自己的能力，要让他们的能力得到最大程度的发展。唯有信赖，才能让人对自己的办学忠诚。

五、职业奖励的激励方法

工作报酬通常包括：授权和晋升。所谓委派，就是将一项任务，完全或局部的委托给被委派的人去完成。授权，就是将领导手中的一份权利授予被授权人，让其来执行领导的一份权利。所谓"升迁"，就是将一些普通工作人员调任到高层工作，也就是将一些下级干部调任到高层干部中去。除了给予教师足够的信心及认可外，更提供教师更多的机会，让教师更多地参与到学校的经营中来。因此，通过对教师的工作报酬，可以让教师迅速的发展，给教师一个充分发挥其才能与活力的舞台。因此，领导可以依据教师以往的工作成绩，本着"适才适用""权责相当"的原则，对工作成绩突出，又有一定经营才能的教师，加以委任，提拔，给予他们更多的发展空间，同时也为学校培育出更多的经营人才。

要知道，能力虽然可以成为晋升的先决条件，但并不能成为晋升的唯一标准。一个有能力的人只能说明他有能力做好现在的工作，并不能说明他就有能力做好将来要做的事。所以，在选拔人才的时候，不仅要看他的才华，也要看他的管理水平，看他的基本品质和道德，看他的工作经历，看他的年龄，看他的性别。在个别个案中，我们亦会酌情考量其资历及任职年限，以便更好地发挥其资历。身为一名出色的领导者，首先要认识到授权、权力委任和提升职务的重要意义，并要与有关的工作实践相联系，将职业奖励灵活运用好，要打破自己对权力不放的心态，敢于放权，对下属放手，特别是要让有才能的青年承担一些重大任务，让他们有动力，在历练中快速成长。此外，也要防范下属"反授权"现象，即将原本属于下属的权利归还到被授予人手中，使得委托和其他奖励手段丧失了功能。

为降低职位升迁的风险，避免无能之辈升迁至特定职位，领导者可采取非正式升迁，也就是将该职位的真正职责交给某个雇员，而不是正式委派。具体地说，对于一些不确定的人员，在提拔之前，不会正式公布，只会给他们一个非正式的称号，比如临时的领导者、召集人，但是他们却会承担整个部门或者整个部门的职责。对其进行六个月以上的综合评估，若其工作能力突出，则可被委任为主管。若其工作做得不好，无能力做好，则撤消其暂时主管之职，调回原工作。应当指出，对非正式委任的声明必须十分自然和正常。例如：在解除暂时主管职务的时候，会提前公布一份名单，让暂时主管的任务完成。那样每个人都能听懂，也会觉得很自然。

总之，教师生涯奖赏是一种很有意义也很复杂的工作，为了让生涯奖赏发挥应有的作用，教师生涯奖赏应做到：

（一）正确选择职业奖励的对象

一个人的事业上的奖赏，除了必要的知识，工作技巧和责任感之外，还有一个人的管理才能，以及他在以往的工作中的出色的工作成绩。要以"因事设人""适才适用"的原则，选拔有能力、有担当的人才。

（二）明确职业奖励的目标

除了对工作表现突出的教师给予表彰外，还可以使教师更深层次地发挥其潜能，调动其工作积极性，培育出更多的管理人员，以达到办学目的。所以，"事业奖赏"的目的，正是要达到上面所提到的"校方"所希望达到的效果。

（三）职业奖励的权责应相当

授权的效力是指授权的权利与授权的责任的对等。没有义务，就不能负责。只有权力而没有责任，就会被滥用；权利过低，没有能力履行自己的职责；拥有太多的力量，就会干扰别人的行动。因此，在给予一个职位的时候，既要有责任，又要有权力，而且权力必须对等。

（四）对受权人的行为必须控制

上级领导在委任、任命或晋升之后，要对下属的工作采取有力的监管措施，保证下属能够恰当地执行职务，合理地运用职权。受权者在需要时，可以对下属进行适当的矫正，或将下属手中的权利撤消，从而避免对学校机构发展产生不利影响。

除了授权、权力委任和提升职务以外，职业奖励的激励方式还可以包括：对那些在国内外的主要刊物上，认真地完成自己的教学和科研工作，并在国际上的主要刊物上发表了优秀的文章，在学术上具有较高的水准的教职工，学校可以根据实际情况，提前或者破格提拔该教职工的专业技术职称。对工作突出、管理水平高、道德素养高的中青年教师，着重进行管理人员的培训，以便他们在未来合适的时间里走上领导的位置；对工作认真负责，在教学和研究方面取得了一些成果，并且在专业领域有进一步发展前景的中青年教师，选送到国外去学习或访问，使其成长为本校未来的学术骨干；聘请具有较高学术成就和在国内外有较大影响的知名教授和博士生导师担任该领域的学术领军人物；对于获得"中国科学院""中国工程院"的两院院士，我校可以给予其一定的"终生津贴""终生津贴"之类的奖励。

六、人力资本投资的激励方法

对于知识型的大学教职工，通过物质奖励、精神鼓励、感情投资和职业奖励等激励方式，肯定可以激发他们的工作热情。然而，我们可以将对教师进行人力资本投资的激励，也就是对教师进行在职培训和继续学习，为教师提供多种学术交流的机会以及教师自身成长的机会，这样就可以更好地激发教师的工作热情和创造力。之所以如此，是由于在现代社会中，不断地不断地更新自己的知识与技术，对于一个人的成就来说，至关重要。教师要保持知识的更新，掌握新的技术，才能在高校教师的队伍中站稳脚跟，才能把新一代的本科生和研究生教育好，才能把各种科研工作做得更好。所以，教师非常希望学校在他们身上投入更多的人力资本，让他们能够更快地掌握新知识、新技能，从而提升自己的综合素质，并获得"终生就业的能力"。这些学生感恩于自己的人才投入，肯定会觉得自己的投入是值得的，于是就会为自己的工作付出更多。

毫无疑问，大学在教师方面的投入，既能提升大学教师整体素质，又能为大学自身带来有价值的人才。为此，高校应在教师队伍中积极投入人才资源。高校对教师的人力资本投入一般包括：

（一）进行在职培训

目前，我国高等学校的年轻教师大都是刚出校门就进入了教育领域，他们的工作经历相对较少，因此，学校要对他们开展无偿的在职教育，加强对他们的教育管理，增强他们的业务技能，让他们早日适应新的工作岗位。同时，对于教学内容和实际操作关系密切的教师，要给予他们一定的社会实习时间。例如，到高校去做实习，到政府机构去做一些工作。通过这种方式，教师能更好地了解所学的基本原理，并能更好地为学生讲解所学内容。

（二）提供深造机会

虽然大部分的教师都是高层次的，但是我们教师中的大学学位和硕士生学位占了很大一部分。这一类人员迫切需要通过大学给予他们进修的机会，以获取他们的知识，进一步提高他们的职业素质。为此，高等院校的领导层要从全局角度考虑，积极为有潜力的教师创造进修机会。例如，继续深造，攻读硕士，博士等等。对在本校教育、研究方面做出杰出贡献者，本校可推荐其赴海外深造。

（三）提供各种学术交流的机会

大学教师在从事一般的教育、研究工作的同时，也要主动参与各类学术交流，不断提升自身的专业素质。然而，大部分教师并没有多少参与到学术活动中去，这对于教师自身的发展非常有害，因此，许多教师都对这种现象表示不满。所以，一所大学就应当为其全体教师提供多种形式的学术交流的机会，例如：在校内或院系内部，组织各类的学术交流活动，邀请具有一定名气的校内外人士到本校作学术报道，为教师们提供一定的名额，让他们到兄弟院校去进行参观访问或进行学术交流，并派出具有一定学术水准的教师到海外去进行讲座或参与到国际学术交流中去等。

（四）提供教职工个人成长的机会

相对于普通高校的雇员，大学的教师更关注那些可以推动他们不断进步的具有挑战性的工作，他们不断地寻求知识，寻求个人成长，寻求职业发展。为此，学校的各个层面都要为教师们创造良好的发展环境，比如，允许教师们学习一些过去没有学习过的、有一定难度的课程；安排他们参加一些重大的主题和重大的科学研究；给他们安排几个重大的工作，诸如此类。只有通过这种方式，才能让教师在富有挑战的工作中得到磨练、提升，才能充分发挥教师的潜能，才能真正达到教师的目的。

七、民主和参与管理的激励方法

在行政上实行"民主及参与"，是为了充分利用教师的才能，以及激励教师为本校的工作尽心尽力。实现高校内部的民主化，是当今国际社会管理理念的一个普遍趋向。为了确保学校的政策制定的正确、科学，学校一定要推行民主管理，让所有的教师都能参加到学校的各项政策制定中来，充分利用教师的智慧，这样可以让教师感受到自己是一个家庭的主人，从而能够激励教师的主人翁意识，充分地调动教师的工作热情。它既能使教师得到充分的发展，又能使教师得到充分的发挥和发挥，又能使教师得到更好的发展。而让教师参加工作，则是解决教师在工作中存在的官僚主义、主观主义和盲目指挥现象的一种行之有效的方法。

但要调动教师自主权，还需重视以下几个方面：①教师要带头，让教师积极参与。②将教师自身的权益与学校的权益相统一，让教师感受到自己在工作中的"主导权"。③教师应具有充足的参加活动的时间，并具备参加活动的资格。

一般说来，在大学里，教师可以采取以下方式，让他们积极地参加到自己的工作中来：

（一）决策参与

当教师以学校为其"家"时，其对政策制定的参与性就会很强。学校要始终贯彻落实教职工民主管理的原则，根据相关法律法规，凡是应该提交到教职工代表大会上进行审议和决定的事项，都要提交到教代会上进行审议，让教职工代表在招聘、解聘、福利、培训等相关的切身利益上选出自己的监督员。此外，还应加强民主决策过程，广泛倾听各方声音。

（二）荣誉分享

教师作为其成员，有权利与其共享取得的成绩与荣耀。在工作过程中，他们会感受到自己的成功与自豪，从而把自己的积极性转变为工作的积极性。要让教师们感觉到办好一所大学的快乐，就要在舆论上强调这是一所大学所有教师的共同工作，在实际工作中反映出"共享"的精神。

（三）困难共担

把学校的难处告诉教师，不但不会使教师感到沮丧，还能激发教师之间的同心协力，共同度过难关，这也是一种"参与"的层面。让公众对"自家"的状况有一个清晰的认识，既可以满足公众的参与需求，又可以调动教师工作中的潜能，起到预期效果。

（四）民主对话

建立一个主题接待日，是一种很好的民主谈话方式。"民主、融洽、开放、聚焦议题、清晰导向"是民主谈话的基本原则。参与的主体包括学校领导、院系领导、学科带头人、一线教师以及一般教师等。校方应该诚恳地向教职工咨询，开诚布公地表达自己的观点，找到当前的问题所在，并进行交流，达到对问题的统一，从而找到具体的解决方法。

（五）教职工代表大会

高校教师要实现民主管理，需要一些具体的制度来保障教师代表会议是教师在高校中进行民主管理的基础，是教师参与民主决策的主要内容。通过教职工代表大会，广大教职工能够参与学校的发展规划、教育方针、工资方案、奖金分配方案、福利方案等的决策和制定，真正实现了民主和参与管理。

八、目标和竞争的激励方法

"雄心壮志"是最能激发人斗志的，也是最能激发人斗志的。一个目的可以促使一个人按照他所期望的需求去行动。目标的动机性质，使其对人的行动起着很大的指导和推动作用。因此，对个人而言，目标就是他们奋斗的方向；而在团队中，目标往往是一种行为计划。利用目标动力来激励下属的工作热情，是当代用人的一种重要方法。领袖应为学校制定一个可以通过努力得到的、并且是广大教职工所期望的美丽愿景，让他们有了理想，才能接受，才能激发他们的激情。这样不仅可以帮助大学达到办学目的，也可以帮助教师们完成他们的理想。

教师自身的领导才能促进教师的工作绩效。因为建立自己的发展目标是影响教师自身发展的关键，所以，教师要做的就是激励教师建立自己的发展目标。因此，教师必须将其个人发展目标与学院整体发展目标相融合，才能使其更好的达成。有一点很重要，那就是设定目标是通过工作来学习的。所以，作为一个领导者，你会像一个好的导师或者好的榜样。此外，教师在制订教学目标时，应依循以下几项原则：第一，为教师提供一种模式，使其能够模仿。第二，让学生在导师的引导下参加活动。第三，培养学生自主学习的能力。身为领导者，您有义务向其他教师解释哪些有针对性的行动，以便使他们能够制订出更清晰、更精确的行动。

但是，在制定长远的目标时，我们需要关注三个问题：

第一，制订的目标要有一个合适的层次；所谓的合适的身高，就是一个人必须要有足够的努力，才能做到的身高。人民若以为目的很高，困难很大，他们就没有把握达到目的，目的就不能产生实际的动机；如果人民觉得这个指标过小，觉得完成这个指标没有什么意义，这个指标就失去了魅力，也就失去了鼓舞人心的作用。

第二，要有与人民需求相一致的目的。假如领导设定的目标与教职工的现实需求相距过远，即使领导非常重视它的重要意义和深远影响，但是，公众总是会觉得它跟自己没有多大的联系，或者说它只是为了领导的一己私利，这样的目标对大多数的教职工来说，就没有多大的吸引力了。

第三，既定的目的一定要和自己的目的相结合。一个团体或团体的大目标，其力量之大，不但取决于其制订适当，反映大众之需求，更取决于其融入个体之小型之目标。人们有自己的兴趣爱好，有自己的追求。当领导认识到个体的目的是有道理的，并且把个体的目的和群体的目的结合在一起时，个体的目的就会变成群体的强烈动机；如果一味地将个体的小目标排除在外，而将这些小目标同整个团体的利益相抵触，将会使教职工的工作热情受到极大的打击。

一般情况下，人都会有想要在比赛中获胜的想法。竞争能增强他们的积极性；在竞赛中，能够激发出每一个人的智慧与潜力，促进每一个人的全面发展；通过竞争，能更好地激发教师的工作热情，提高教师的工作业绩；在激烈的竞争中，教师能更好地发挥自身的优势，更能激发教师的求知欲，更能促进教师自身的发展。因此，可以采取多种方式进行竞赛，公开竞赛结果，对优胜者给予奖励，来激励教师的工作热情。在进行竞争的过程中，一定要重视竞争的规律，尽可能做到竞争的科学性和合理性，避免不公平的竞争，尽可能地降低竞争带来的不利后果。因此，教师要通过竞争的方式来激发教师的积极性，培养教师的积极性。

要开展竞赛，领导除了要为教师提供有利的环境外，更要使教师有胆量去挑战现有的状况。为了最大限度地利用竞争的动力，领导者可以采取如下措施：

第一，激励全体教师向现实、向前看问题。

古语有云："若我们所作之事与以往无异，所获亦与以往无异。"[①] 我们若要在品质、利益及服务方面再上一个台阶，就得不断寻求改善现有制度、服务及产品品质的途径。我们要激励大家，从基层教师到上级，对任何事情都要常常提出问题。我们不能因循善诱，不敢打破现有的格局，这样的话，我们的工作就不会有大的进展。

领袖们应当明白，在一所学校里，最急需的人才，就是那些愿意思考，愿意努力提高自己成绩的人。唯有激励教师持续地去挑战现有的状况，让教师能想出更新的、更好的、更有效的方法来推动学院的发展，学院的生命力与生命力就会增强。因此，学校应该给所有的教师设定一个远大的目标，为他们编造一个美丽的梦，以此来激励教师的竞争精神，让教师在实际工作中得到锻炼，最终达到理想的目的。唯有如此，才能造就一批胸怀大志，斗志昂扬，不畏艰难，勇于创新的优秀人才。

第二，要对教师之间的竞争进行有效的指导。

一个良好的竞争有利于一个组织的发展，可以促使教职工们在相互追逐的过程中，产生一种相互追逐的良好氛围，每个人都会主动去考虑，怎样才能提升自己的能力，怎样才能掌握新的教学方法，怎样才能获得更大的成果。这不仅可以极大地增加本校的效益，也可以增进同僚之间的感情；但是，如果是恶意的竞争，就会让其他的教职工互相攻击，互相提防，造成恐慌，从而对高校的利益造成很大的影响。

---

① 徐霖.生意经[M].北京：工商出版社，1996.

因此，领导要从多个角度来遏制教职工之间的恶意竞争，并要积极地指导他们之间的良性竞争，激发出所有人的工作热情，让所有人都能做到心连心，力往一处使，把学校的工作做得更好。

一般情况下，领导可以采取如下措施来促进教师之间的积极竞争：①建立合理的绩效考核体系；对教师的工作水平要以其工作表现为标准，而不能以个人的喜好和厌恶为标准。简而言之，我们应该尽可能地做到客观。②构建校园开放的交流机制。要让大家多接触，多交流，把事情放到桌面上说，把想法当着大家的面说。③防止教师有举报、揭发等不良行为。不要让教师与教师互相监督，不要只听个人的一句话。④对于为了一己之私，不择手段地袭击同学，扰乱校园秩序者，必须严惩，唯有铲除这些"蛀虫"，校园方能恢复秩序。

第三，加强教师岗位的培养，增强教师的竞争能力。

为提高教师的竞争力，学校的领导不仅要亲自对中层干部进行在职教育，同时也要监督中层和基层干部，让他们对教师进行教育和培训。学校对积极开展教育训练的中、下级干部要给予表彰；学校的领导，应该责备那些因怕下属影响其位置而不愿对下属进行教育训练的中层和底层干部。对教师进行岗位训练，能够让教师逐步熟悉所从事的工作，从而提升教师的工作水平，增加教师的竞争优势，从而增加教师的自信。这种方式，既能调动教师的积极性，又能增强教师的竞争力。

九、批评和处罚的激励方法

鼓励，表扬和批评都是必要的。由于批评的目标是要让人认识到并纠正自己的错误，并使之朝着好的方向发展，因此，它是一种与人的缺点和错误作斗争的一种主动的思想斗争。对于工作中出现错误或有过错的教师，领导应当将大小两个方面相结合，运用耐心的劝导，和风细雨的疏导与引导，摆事实，讲道理，晓之以理，动之以情，采取一种能够让他人容易接受的方式，根据事实，准确地指出教师在知识上的缺陷、方法上的错误、工作上的失误，并提出教师应当采取什么样的行动，让教师能够坦然地接受批判与教育，从而将自己的错误纠正过来。

要使批判起到一个行之有效的激励性手段，就一定要注意批判的艺术。正确把握好"批判"的方法和手段，就可以起到有效的"鞭策"作用。所以，在进行具体的批判时，要特别重视下列问题：

（一）批判要有道理，要有感情

真正的、有效的批判，决不能夹杂着任何一种感情，而要保持完全的镇定和理智。因此，真正的批判，应当是一场冷静而又充满理性的对话。在提出意见时，要做到以理服人，以情动人，使人看到自己的错误和缺陷，从而使人信服，更易于接受你的意见。

（二）在进行批判时，不得伤及他人的尊严

每个人都有自己的骄傲，在批判的过程中，如果对人的自我价值进行否认，那么只会让人感到疼痛，从而积累怨恨，最后还会导致自暴自弃，破罐子破摔，还会对上下之间的感情造成损害。因此，我们要带着真挚的爱去批判别人。所谓"真诚"，就是批评的形式，批评的方式，批评的方法，都应该是坦率的，而且应该是非常诚恳友好的。例如，设身处地地为人家着想，不要让人家下不了台，不要推卸责任，不要再去翻旧帐，要以诚待人，要理解下属的苦衷。所谓"爱"，是说这些批评都是出于对教师的关爱，对教师的改进。假如没有真挚与爱的批判能被他们的本能迅速察觉，他们将不接受批判。

（三）对人采取区别对待的方法

人们在面对同样的批判时，由于年龄、个性、修养等因素的差异，其心理反映也不尽相同。针对这种现象，领导要区别对待，采取不同的批评方法。比如：对自觉程度高的人，可以采用委婉、含蓄和启发式自我批判的方法；在思维方式上，对思维方式上较为敏锐的人，可采用暗语批判方法；对性情正直的人，可以采用直言不讳的方法；对于问题比较严重，影响比较大的，可以采用当众批判的方法；对思维瘫痪的人，可以采取"警惕批判"的方法。恰当的批判需要体察入微，恰当贴切。一般问题可以当面解决，具体问题可以分别处理。

为取得预期的评论结果，本文将对两种常见的评论方式作一简单的介绍："旁征博引"。对于犯了错的人，不要直截了当地加以批判，而要有意地加以批判，使犯了错的人有所触动，从而使他们有所警惕。这样的方法通常要比对自己进行直接的指责更有效果。当一个部下被抓来当"替罪羊"，被骂了一顿，被骂了一顿后，其他部下就会被吓一跳，有一种侥幸的感觉，很难产生逆反心态，于是，他们会默默地纠正自己的错误。

批评要对事情而不是对人，在进行批评以前，要想办法夸奖被批评的人一顿，

也就是要先进行赞美,再进行批判,这样可以把批判和赞扬结合起来,给被批评者的自尊心理的天平两侧都增加同样的重量,让他能够在心里达到一种平衡,从而更好地被别人所接受。因此,领导要记得,不管你批评谁,首先要从这个人的身上找到一些可以称赞的地方,对他进行称赞,之后才能将他的缺点指出出来,这样才能起到更好的批评作用。

鼓励可以来自于积极和消极两个方面。物质奖励、精神鼓励等奖励方式属于从正向的角度出发,对教职工进行激励,而惩罚和批评等方法属于从反面向教职工的角度出发。因此,惩罚与奖赏同样重要,也是一种鼓励机制。惩罚一般是指由一个社会或一个机构对某些人实施的惩罚措施,以避免某些人的不当行为或犯下严重的错误。惩罚通常会给予犯有重大过错的人一种难以忘怀的、甚至是痛苦的体验,能够让他们对自己所犯的错误或过错有一个较为深入的了解和反思。为避免这些不开心的经验,他们会决定改正自己的过失,从而在今后的工作中更加谨慎小心,不再重蹈覆辙。有些人还会像是重生了一样,迸发出空前的干劲,整个人都焕然一新。此外,惩罚对于其他人也起到了一种警示和教育的效果,让"什么事情不可以这么做"的信息反馈,从而避免了一些不希望的行为。

就高校而言,惩罚教师的方法有:1. 扣减薪金及红利

对于没有完成自己的教学工作量和研究任务的教师,对自己的工作态度不好,并且违反了学校的劳动纪律和规章制度的教师,可以扣自己的变动工资和部分的奖金。

2. 革除或贬谪

对于担任一些领导职务的教师,若不能尽职,或在工作中发生重大错误或失误,给学校带来较大的损失,应给予撤职、降职和调离等处分。

3. 不符合晋级条件

对于工作态度不好,违反校纪校规,并且经常完成不了工作量的教师,不管其学术水平如何,研究能力如何,都应该取消其晋级职称的资格。

4. 废除特定的津贴

对工作态度极其恶劣,严重违背学校纪律,并且屡教不改的教师,如果需要,就应当撤销其所享有的各种津贴、休假、疗养等一些福利待遇。

5. 惩治

对犯有严重错误或出现重大过错的教师,学校可以根据其情节的严重程度,分别给予警告、严重警告、记过、记大过,以及开除公职等纪律处分。

一般来说，赏与罚都是对人的各种调控方式，它们相互补充，相互融合，密不可分。奖赏是从积极方面来激励教职工的好行为，惩罚是从消极方面来抑制教职工的坏行为。他们从各个方面来指导教职工的行动，以达到高校的预期目标。但是，有调查显示，把奖赏当作正面的动机，通常会比把奖赏当作负面的动机，有更好的动机。所以，在实施有效的鼓励措施时，应以"赏"为主要内容，以"罚"为辅助。除此之外，无论是奖，还是罚，都要严格遵循奖罚的准则，要做到"无功不赏，无罪不罚"，并且要一视同仁，不能因为自己的喜好和仇恨，来确定奖罚。尤其要注意的是，惩罚必须非常慎重。如果处理得不好，就会造成不好的影响，尤其要注意这个问题。

第四节 高校人力资源激励的模式

对于高校而言，的确存在着很多的人才激励机制，但是这些机制还远远不完善，需要采用更加行之有效的人才激励机制，并与现有的各种人才培养机制相融合，从而使人才培养成为一个真正意义上的人才培养体系，从而达到提高人才培养质量的目的。构建了大学人力资源激励模型，为其可操作性奠定了基础，但是要想实现该模型的高效运行，还必须重视防止负激励，促进积极心理合约的构建。

一、高校人力资源激励的模式

在此基础上，针对我国大学人才培养的特征，对大学人才培养进行了研究，并对大学人才培养进行了探讨。

（一）需要分析系统

要想取得良好的激励成效，就必须随时跟踪教师的需求，因此，需求分析在教师的激励模式中起着举足轻重的作用；但是，仅仅是单纯地满足教师的需求，而忽略了学校的发展需求是不切实际的。双主体的激励思想告诉我们，必须把学校的需求与教师的需求相统一，所采用的激励方法既能满足两方面的需求，又能使两方面的需求都得到充分的满足，这样的激励方式就是成功而有效的。

首先，对大学需求进行分析，全面透彻地分析大学的需求，为未来的发展打下坚实的基础。其次，对教师的需求进行了剖析。要通过问卷、调查、访谈等方式，及时掌握教师当前的实际需求；并与职业发展体系中的教师职业规划相联系，对教师的职业发展阶段，教师具备的素质和经验，教师是否需要进行培训，教师是否需要进行增值。最终，在对教师需求进行分析的基础上，对教师进行适当的鼓励，给教师涨工资，给教师进行训练，给教师晋升。

（二）招聘子系统

在进行学校需要分析和教职工需要分析之后，如果出现了岗位空缺和管理职位空缺，那么除了要考虑内部人员的升迁外，还要进行外部招聘。

要想让人才选拔起到激励的效果，就必须切实落实好岗位聘用制度。教师通过竞争岗位的方式，这样就不会再有"水土不服"的优势，不求上进、不求回报的人难以谋生，从而打破了教师"铁饭碗"的保护伞，极大地激发了教师的工作热情。而采用合理的薪酬制度可以降低教师的编制，提高教师的工资水平，使教师的工资水平得到提高；实施一套行之有效的竞争和激励制度，提高高校的经营效率，让教师更加积极地遵守和参加高校，激发教师的工作热情，提高教师的工作效率，提高高校教学、科研、社会服务等方面的社会效益和经济效益。

（三）梯队规划子系统

所谓梯队规划，就是通过跟踪和培养组织内部潜在的候选人的发展状况，来协助组织确保在有必要的时候，有可用的在职人员，它是在保障为组织在职人员持续提供适合其自身发展的机遇的同时，也为其提供专门的培训。

（四）人力资源职业生涯规划子系统

赫兹伯格认为，人受到尊重、人的自我发展、人的自我满足与人的价值取向相一致，这与当代人的价值取向相吻合。在现代社会中，对自身发展和自我实现的追求已是大势所趋，虽然各大机构都拥有丰厚的薪酬和优良的工作环境，但若无法满足这些需求，那么，他们就会去寻找其他更好的工作环境，而高薪酬和工作环境虽然能作为一种动力，但很有可能只是暂时的，其他机构都可以模仿并提供与之相同或更好的条件。因此，作为一所大学，一定要遵循"与教师共进共退"的方针，去鼓励并保留教师，不然，必然会出现人才流失。

大学的成败主要表现在两个层面：一是大学各项目标的达成。二是大学教师的积极性得到了很好的提高。因此，高校应依据学校的培训政策、晋升政策、奖励政策和惩罚政策，并与其本人相联系，研究并制定其职业生涯开发计划，以满足其自身的需求，满足其个体化的需求。

职业发展计划主要由三个方面组成：确立职业发展目标，制定职业发展计划，制定职业培训计划。

教师要不断地对其进行激励。高校要根据不同的岗位需求，并根据学校的政策，与教师共同探讨其职业目标，当前的不足在什么地方，怎样制订职业发展规划，是参与培训，还是加强自身实践和自我提升，最终确定实现目标的时间。

在教师的职业发展过程中，必须做到对教师的职业发展进行跟踪和管理，并对教师的职业发展规划进行及时的修正和补充。当教师完成了一定的工作任务之后，高校要跟他们进行对比，看是否提前完成了自己的工作任务，或者是延迟了自己的工作任务，提前了就要鼓励其继续努力，朝着更高的工作任务前进，而延迟了则要重视其工作任务，查找其工作任务，为其创造良好的发展环境，让其感受到学校不仅是一个维持生计的场所，更是他们发挥自己才能、实现自己价值的场所。

（五）培训子系统

按照阶梯计划和教师个体职业发展计划的需要，大学应该明确为教师提供什么样的训练，不仅可以保证大学的发展，还可以为教师提供专业发展的空间，让教师有更多的成长空间，这样才能让教师和大学都获得最大的满意。这种方式所开展的培训，将不会是单一的培训，它将关注到了教师的人格发展，并且是一种对教师的人格发展起到了积极的促进作用的培训。教师与大学在培训工作中，更容易引起教师之间的共鸣，从而促进教师之间的情感联系的深化，从而使教师的教学队伍得到稳定。

在训练的内容上，不仅要训练自己的业务功底，尤其要训练自己的职业技能。因此，我们可以看到对于教师自身素质的提高，将会起到极大的促进作用。

（六）校园文化子系统

在学校中，形成严肃、团结、紧张、活泼的气氛，会给教师带来意外的鼓舞作用。

严谨，是一种以教学、研究为主的学术气氛。在教育、研究方面，不能有丝毫懈怠，要有一种风气，不认真教学的，要严惩；凡是有成就的，都要受到表彰。只有这样，才能让学院的教学质量不断提升，才能让学院变得更加强大。

统一，就是从领导干部到全体教师都要统一思想。大学本身就是最神圣的场所，学校的领导，老师，都是心灵的工程师，在这里没有任何的利益纠葛，非常的和谐。目前最重要的问题是，在进入社会主义市场经济之后，怎样维持住这样的和谐，只有这样，大学才能吸引到更多的优秀人才，这样才能更好地促进大学的发展。

所谓"急",就是要对教师们进行适度的施压,对他们的教学、研究提出一些具体的要求,然后再对他们进行评估。很多教师都想要有一个具体的目标,一来可以用来做考核的参考,让考核更加直观和公平;另外,各项指数也是一项激励措施。人在压力下,都能维持一种亢奋的情绪,这样才能极大地提高工作的效率和工作的有效性。

充满活力,一是充满了浓厚的校园生活氛围,二是所有的教师都互相关心,互相帮助,大家都很开心。种树挖塘,创造一个绿色的校园居住环境。学生的各项活动、教职工的各项活动和离退休人员的各项活动相互融合,互相影响,共同促成了一种令人留恋的校园气氛;师生们互相帮助,其乐融融,师生们畅所欲言。

(七)考核系统

高等学校要综合评价教师的工作态度、工作能力、工作业绩、工作潜能和适应能力。对人才的评价应遵循公平、公正、合理和透明的原则,并将评价的成果与岗位的任命挂钩,对确实有才能的人才,可以给予特殊的待遇,从而激发人才的工作热情;对于不合格的人员,要给予批评和处罚,对于屡教不改的人员,可以考虑将其解除,只有在这种情况下,才能够实现考核的激励作用。

在考试实施的时候,经常会出现"走过场"的情况,因为大家都很团结,所以考试的成绩,也是大同小异,这是很多学校的考试情况。因此,在大学中实施"三百六十度"考核法是非常有必要的,它也被称作是多方考核者考核法,考核者包括直接上级、间接上级、同事、学生和自己,考核的指标从五个角度来进行设计;工作态度,工作能力,工作表现,潜力和适应.在每个大的指标之下,还可以设置一些小的指标,例如,工作态度可以将教学任务完成的质量、对学生的感染力、同事的认可度等内容都包含在内,因此,考核指标的五个方面就等同于组成了五个指标体系,既全面又详实。

"三百六十度"测验具有三大优势:一是测验的方式比较简便,具有一定的可操作性。二是多元评审主体的共同参加,提高了评审的民主程度。三是为高校管理人员提供了更多的信息,便于高校管理人员获得更多的第一手数据。综合以上因素,"三百六十度"评价方法基本能体现出公平、公正、合理和透明的原则。

(八)测评与反馈系统

在模型中,评测与反馈系统是一个很关键的部分,我们对不同性质的组织进行了研究,不管是党政机关还是企事业单位,都会忽略掉这个部分,包括大学。如果评价和反馈工作没有做好，那么这个模式将处于一个很低的水平。

因此，需要再一次对测评与反馈的重要性进行强调。首先，在评估的结果出现之后，要将其与在教师职业生涯开发规划中设定的目标以及学校的目标进行对比、分析，并得出相应的结论。其次，在此基础上，对该模式中各个功能的实施进行了评估。最后，认真地对以上的结果进行分析，找出哪些工作已经做得很好，哪些工作还存在着很大的不足，哪些工作还有待改进，并将所得的结果回馈给所需的分析系统，如此，一个完美的循环就结束了，在进行下一个循环时，各个环节的水准也会随之提升。

总而言之，从需要系统到考评与反馈系统，一系列的系统共同组成了高校人力资源激励模式，它们之间相互支持，任何一个系统一旦出错，都会使整体模式的效率和效果下降，因此，在实施的时候，我们必须要对每个模块都给予足够的关注，如此，才能实现理想的目标。

二、激励实施中要注意的问题

构建了高校人力资源激励模型，为其运作奠定了基础，但是要想实现这一模型的高效执行，还必须关注防止负激励、促进积极心理合约的形成等多个方面的问题。本节根据激励的有关理论以及二主体激励理念，针对如何实现高校的人力资源激励模式，给出了四条具体的意见。

（一）防止反激励

所谓"负动机"，是指与"正动机"相对的一种行为，即通过"负动机"来压制或削弱教师的工作热情，引起教师的不满情绪，从而导致教师的工作绩效下降甚至持续低下。一旦出现了逆激励，就会降低教师的工作热情，其主要体现是没有人愿意为教师做出更多的工作，也就是说，教师在第一次经历了逆激励之后，下一次的工作热情会低于前一次。形成反激励的要素和形成的要素之间可以互相转换，一个要素如果能符合教师的需求，则是一个激发要素，如果这个要素不符合教师的需求，或者其实施有偏离，则会变成一个反激励要素。

（二）进行竞争性激励管理

大学教师队伍特别是中青年教师队伍必须保持一定的稳定性，但是过于稳定性和安全性又会影响教师队伍的工作热情和创造力。因此，既要在高校内部构建岗位竞争，又要引入高校外部的人才市场进行竞争，要实现岗位能上能下、教职工能进能出、待遇能高能低的目标。要实现这一点，高校可以与教职工签订一份聘用合同，并以书面的方式对服务期限、服务内容、服务要求、提供待遇等多个问题进行明确规定，还可以采取人事关系代理制，把教职工的人事关系交给人才市场进行管理，这样就可以打破"铁饭碗"，增强高校教职工的紧迫感和竞争意识。

（三）激励制度化与人性化的平衡

激励是一种制度与人文之间的权衡。就经营来说，通常来说，制度是经营的根本，因为不论在任何一个经营理念的发展过程中，体制都始终是高校取得效益的先决条件。就像泰罗早年指出的那样，体制是提高一个机构运作效率的首要因素。在此之前，我们构建了一个关于大学教师激励的体制管理的激励模式，来对此进行阐述。但是，我们还应该认识到，在以人本理论为基础，以人为核心的一种管理活动，它对人的精神生活以及人的自我发展提出了更多的需求。就像马克思所说的："一个人的社会，一个人的文化水平越高，它就越能适应社会生产力的更大发展，它最后一定可以推动人的自我更加全面的发展。所以，在大学教育中，不仅要重视人才培养模式，更要重视人才培养的人文管理。"[①]

加强对大学教师的"精神契约"建设，是大学教师队伍建设和发展的必然要求。心理合约是大学与教师相互间对另一个人所怀有的一系列细微而隐晦的期望，在此所谓的期望，就是预期并预期对方将会满足自己的一些需求，是希望对方做出自己希望对方所表现出的一些行动。细微和隐晦的意思是，这种期待不仅没有以书面形式记载，也没有以言语表达，而是一种心理上的协议，其内容需要当事人去仔细观察、捉摸、估测和理解。如果他没能理解自己的期待，或者说，他根本没把自己的期待放在心上，那就是违背了自己的承诺。一旦违反，将会产生毁灭性的结果，相反，要想维持和巩固彼此的联系，就必须严格遵守彼此的心理合约，这就要求大学与教师要做到开诚布公，加强彼此的理解与交流，站在彼此的角度考虑问题。

事实上，在大学与教职工之间，有着一系列的交换关系，既有物质的，也有精神的，教职工是否能够高效地工作，是否能够对大学产生责任感、忠诚心和激情，是否能够从工作中获得满意的结果，主要依赖于以下一个条件：教师用自己的工资来换取花在教学科研上的时间，用自己的社会和安全需求的满足来换取辛勤的工作和忠诚，用自己的成功和具有挑战性的工作来换取教学质量、科研成果和为大学所作出的创造性努力，以上的交换必须使大学和教职工都觉得公正。

---

① 马克思,恩格斯.马克思恩格斯论教育[M].中共中央马克思恩格斯列宁斯大林著作编译局,译.北京：人民教育出版社,1958.

所以，高校要构建一个高效的信息交流机制，可以将学校近期目标、远期目标、发展方向以及各项政策公布在学校的网页上，让教师能够对学校的整体状况有所了解，还可以让教师在网络上的特殊渠道上留言，从而知道教师的期待，同时还可以建立一个回复系统，对教师的提问进行及时的回答，从而达到了高校与教师之间的交流，从而达到了高校与教师的共同期待，让高校与教师形成一种互相支持的关系，从而形成一种良性的心理合约。

以上所说的网上交流，可以说是无时无刻不在进行，而且效果相当显著，但是另一种交流形式也值得重视，那就是每年的教代会。尽管教代会的时间比较长，但是其中所涉及到的问题都是关系到高校和教师的切身利益的重大问题，因此，一方面，教师要深入理解和贯彻学校的教代会的精神，并在工作中加以落实。另一方面，对于教师在教代会上所涉及到的问题，学校也要对教师在教师大会上所涉及到的问题进行思考，切实加以处理，使教师和教师的关系得到进一步的改善，从而使高校与教师之间的良性的心理合约得以巩固。

（四）满足需要和引导需要相结合

如果大学能够更好地满足教师的各种需求，的确能够极大地激发教师的工作热情，然而，盲目地满足教师的需求，也会导致教师的激励工作处于消极状态，从而导致教师的激励工作发生偏离。诺斯（D.C.North）关于人类将来的行动，曾说："人类认识和解释环境，并利用它来解决自己所面对的问题，是人类认识和解释自己所面对的。"[①]

所以，在满足了教师的需求的过程中，高校要擅长对教师的需求进行引导，将与社会需求和学校需求相一致的价值观念，让教师的价值观念能够渗透到教师的心中，做到这一点要实现三个目的：教师对高校目标和价值观的高度认可和认可，教师为高校目标做出了重大贡献的意愿，还有教师对教师身份的坚定意愿。只有做到这三点，教师的长期利益与大学的长期利益相统一，才能使教师在双重利益驱动下的个人利益最大化得以实现。

---

① 艾尔费雷德·诺斯·怀特海．教育的目的［M］．庄莲平，译．北京：文汇出版社，2012．

第四章　高校人力资源的人本管理

第一节　高校人力资源人本管理的理性检视

"以人为本"的管理理念，强调"以人为本"。人性化管理是顺应了社会发展的要求，也是高校改革的必然要求，它对提高大学的管理水平起到了积极的促进作用。

一、管理的核心是对人的管理

（一）管理的核心问题是人的问题

"什么是管理的中心"，这是一个在学习管理哲学时要正确回答的根本问题。对于这一问题，各大管理学流派都有各自的答案。

1. 组织即人

组织与管理的问题，包括技术的运作与应用，以及资源的处理与分布，这些"物"中的元素都在不断地变化着。但是，从实质上来说，一个组织是一个人所构成的一个整体，它的核心就是一种通过对组织成员的物质资源进行配置和运用来实现其目的的一种技术和艺术。没有对人的理解，就没有对物的理解。一个高校要有一批精干高效的人才，要有一群"人"，要有对人的人格和能力的充分信赖，要挖掘人的潜力，要以人的要素为核心，这样才能更好地实现高校的发展目标。"经营之神"松下幸之助表示："高校即人"是松下高校的座右铭，他声称："想要生产松下的产品，必须要有松下人。"

2. 组织靠人

通过对人才的选择、培养、使用，充分发挥人才的作用，从而达到高校的目的。组织要求成员具有认同感，组织强调成员的参与，组织提倡成员的自主管理，组织注重创建良好的文化气氛，以此来对成员的共同的行为方式进行塑造，培育出一种积极的组织精神，将成员的个体目的和组织的目的结合在一起。在实现组织的目标时，将会有可用的人和可以依赖的人。

3. 组织为人

一个高校的经营，其经营的成败就在于其经营的目的和其自身的目的。各机构在经营上均以整体提升会员之工作品质与生活品质为重点。该机构为会员创造了一个工作氛围；该机构为会员们的职业发展和进修提供了一个良好的平台，而且在对会员进行培训时，其重点不再局限于单一的一项技术，而是注重会员们的综合素质；机构要为会员创造一个舒适的居住条件，帮助会员解决问题，让会员能够专心于机构的工作。

（二）管理理论演变的过程就是人性认识不断深化的过程

综合考虑管理思想史上关于人类的假设的主要观点，即受雇人、经济人、理性人、有限理性人、社会人、管理人、自我实现的人等，并在这些假设的基础上，总结归纳出的管理理论——X理论、Y理论、超Y理论和Z理论等，我们就不难看出，管理理论演进的过程就是对人类本性的认识不断加深的过程。

1. 科学管理理论的"经济人"假设

现代高校经营的科学化是在19世纪后期和20世纪上半叶出现的。以泰罗为首的一群管理学家打破了长期以来沿用的老式经营模式，将科学化的经营理念引进到高校经营中，形成了一系列切实可行的经营模式和运作流程，大大提升了高校的生产效益，促进了高校的发展。但是，那时的管理学学者却将人类视为"经济人"，视人类为会讲话的机械，并将人类视为了赚钱、为了获得物质上的满足而工作。只有在满足了人的财货需要时，才能激发人的动力。在这样一种人类假定的基础上，他们采取了以物为本的管理方式，重视物品而不重视人，人被认为是机械的附属品，需要顺应机械，只能遵从命令和指令进行工作，对人的动力以物质动力为主。

2. 行为科学的"社会人""自我实现人""复杂人"假设

20世纪20年代中后期到30年代初，管理学家梅奥带领哈佛大学的科研团队对美国西屋的霍森高校进行了大量的试验与观测。梅奥在进行了一系列调研后，对此做出了"社会人"假说。"社会人"假说主张：人类的行动动力不仅来自于对财富的追逐，而且来自于对整个社会的需要，所以，应该努力让人类在工作中寻找快乐、有价值的东西，以提高工作中的生活质量；人受其所属团体内的各种社会势力的影响，特别是对经理人员的激励与约束作用；当上位者能够达到他们的社会需要时，他们的生产力就会提高。"社会人"假说，是一种以人类为中心，以群体认同为中心的工作，而不是以物质奖励为中心的工作。

马斯洛在 20 世纪 40 年代的需求层面上，基于生理需求层面，对个体的情感管理、参与管理和自主管理进行了研究。沙因的观点是：人的工作动力是非常复杂的，不可能被单纯地归结为一类，因此，他提出了"复杂人"这一理论。作为一种科学，它把人看作是一种非常重要的、甚至是一种核心的管理。

3. 从"X 理论"到"Y 理论"再到"超 Y 理论"和"Z 理论"

麦格雷戈在 20 世纪 50 年代后期，提出"X 理论"。"X 理论"假定人们天生就是好吃懒做的。他们缺少进取精神，天生排斥变革，不愿意负责，愿意服从他人的指挥，自私自利。同时，本文还提出了人类本性假定从"X 理论"到"Y 理论"的演变过程。从 20 世纪 80 年代开始，基于"Y 理论"而产生的"超 Y 理论"和"Z 理论"，为"人本"的产生奠定了坚实的理论依据，将在第二节中对"人本"的人性假定加以阐述。在现代高校中，高校对人才的关注越来越多，人才的培养也越来越重要。

（三）对人的管理是管理的起点和终点

管理指的是在一个组织中的管理者，通过实施计划、组织、人员配备、指导与领导、控制等职能，来对其他组织的行为进行协调，从而让其他组织与自己共同完成设定的目标。在当代的社会生活中，人们既是行政行为的主体，又是行政行为的对象；没有人可以不参加，也没有人可以不接受，人们始终服从某种统治体系。从本质上讲，管理是一个以人为起点，以人为核心主线，以人的全面发展为目的的过程。

高校经营的主要对象是人，只有人，高校经营的目的才能达到。在高校的经营过程中，要从人的角度出发，发挥人的主观能动性、创造性来进行经营。在经营过程中，可以采取不同的方法，不同的经营模式，也可以随着形势的发展而不断地作出相应的调整。但是，无论管理方式、风格如何多种多样，如何改变和调整，要想达到优秀的管理效果，要想形成一个最优的组织文化，都离不开对人的尊重，也离不开"尊重人、依靠人和发展人"这一基本的管理方式。因此，为了使高校更好地利用经营资源，更好地利用经营手段，在经营实践中应突出以人为本的经营理念。人是组织的核心，是组织的生存与发展的基础；对本机构成员之人格、尊严、存在价值及创意潜能给予充分的重视，将本机构之所有教职工视为本机构之共同义务承担人；平等对待每一位雇员，并关注他们的成长和发展。

人是高校经营的对象，高校经营的终极目标是实现人的全面发展。在进行组织管理的过程中，以最小的成本换取最大的收益，从而对人的意志、脑力、智力和体力进行磨练，让人的意志和人格得到完美的提升，让人的能力得到提升，让人的体力得到加强，让人可以得到比被束缚与生存需求更全面的、自由的发展，同时还可以让人的心理状况变得更好，让人的人性变得更完美。

二、人本管理就是以人为根本的管理

（一）人本管理的人性假设基础

任何一种经营理念的形成，都需要一些先决条件和假定。因为管理的客体是"人"，因此，在进行管理的过程中，管理者不可避免地要面对一个关于"人"的基本观点，或者说"人性观"，而"人"正是构建人本管理理论的逻辑出发点。美国管理学大师麦格雷戈（McGregory）曾经提出过，在每个经营决定或经营行动的后面，必然存在着对人类本性和人类行动的某种假设，而这些假设中，有几种曾经很受欢迎。传统的西方管理学理论都建立在人的本性假定之上，或者从人的本性的善与恶出发，或者从经济人的本性、理性的本性、情感的本性、主权的本性等方面进行。其中，"经济人"思想的盛行，已成为我国实施人性化管理的最大阻碍。直到社会人的出现，复杂的人的出现，经营的人的本性的假定和前提更加科学。

1. Y 理论

20 世纪 50 年代后期，麦格雷戈在"Y 理论"中指出，对于高校的需求，人并不是与生俱来的被动或抗拒，也不是与生俱来的讨厌工作；外部的管制和处罚并非激励教职工为达到其目的而拼命工作的惟一手段，教职工可以对他们所制定的目标进行自律；在合适的情况下，人民可以采取行动来承担自己的义务；大部分人在处理组织性问题上都有较高的想象力，独创性和创造性；个体和群体之间没有根本的矛盾，当有一定的条件时，个体会主动地把个体和群体的利益结合到一起，这就是"Y 理论"的人类本质假说，它为个体化的人文管理奠定了坚实的思想根基。

2. "文化人"的假设

"文化人"假定把人看作非纯粹的理智，其中情感成分是不可忽略的；经营，除了理性外，更多的是本能与激情；合理的分析与技术手段固然有其功用，但不可盲目与误用。在"文化人"假说的前提下，以文化价值观等人文要素提高高校经营的效能与效益，进而提炼出一套全新的经营理念与方法——"人本"。

（二）人本管理的实质是人的全面发展

人文管理是一种以追求人的全面、自由发展为最终目标的管理。

1. 正确认识和定位组织成员

一个高校的努力方向应当是高校及其教职工的共同发展，而最终应当是高校的整体发展。高校的管理人员要对其成员的性格、态度和行为进行深入的分析，并根据其特点，制定相应的激励策略，充分发挥其工作的主动性、积极性和创造性。同时，该团体的会员也要对团体及自身有一个正确的理解。组织的利益与个人的利益是相通的，组织的成员应该对组织的性质、特点、活动内容等进行理解和分析，同时也要对自己的性格特点、个人的发展目标、个人的优缺点、个人的需求等进行客观的评估和分析。

2. 整合组织目标与组织成员目标

组织和成员都有自己的目标系统，而且两者之间往往并不统一，还会产生一定的矛盾。在此背景下，就有必要将组织目标与组织成员目标相融合，让它们达到最大程度的协调，进而将组织与组织成员的利益相融合，融合为一个统一的整体。

3. 培育良好的管理环境

组织是社会和政治制度的主体，它在实现自己的目的的同时，应当为它的成员提供充分发展的条件和空间。要重视激发公众团体的整体发展，促进公众团体的自我发展；要为会员的发展创造良好的训练与教育环境，提升会员的知识与能力，建立起一个正确的价值观，建立起一种强大的事业与创新意识，让会员在工作过程中既可以获得素质、身心、能力与知识的全面发展，又可以最大限度地发挥出人的创造潜力。

4. 实现人的全面发展

"人以整体的形式，即实际的形式，拥有自身整体的实质。"人本管理的本质，并不只是将人当作一种生产因素来加以利用，它还包含着一种在经营过程中实现人的自由全面发展的哲理意蕴和理念。在马克思主义人学中，人的全面发展意味着人的身体素质、智力、才能、创造性、道德、文化等各个领域都可以获得全面的提高和发展，它既是人类社会发展的一个目的，又是一个社会发展的一个全面的衡量标准。从根本上说，人的全面解放，人的全面发展，人的自由实现，是马克思关于人的终极理想。人本管理旨在促进高校中的人们在物质领域和精神领域的全面协调发展，促进个人的深层次和高层次的发展。

（三）人本管理的主题是尊重人、关怀人

人本管理着重于将人自身视为最高价值，而最能让人感受到高贵地位的就是对组织成员的尊敬和关爱，而且这也是对其潜能的强大支持。

1. 尊重和关怀一切人的人格

人本管理注重对个体的尊敬，这主要体现在：它尊重组织中所有人的个性，将所有人都当成人来看待，并坚定地拒绝对别人的人格尊严造成伤害。在高校中，人人享有同等的个性，应该学习如何去尊敬别人，关心别人，营造和谐的高校氛围。以人为本的经营，既重视对别人的个性的重视，又重视对自己的个性的重视，从而让高校的每一个教职工都能养成一种独立、健康、向上的精神状态。这时，才会站在别人的角度，对自己的所有行为负责，才会在任何时候都感受到对别人的尊重和关爱。

2. 人的自我管理

人文管理以人的价值与自尊为中心，强调人的自尊、自爱与自强，具体体现在高校的经营活动中，就是进行高校的自我管理。自我管理指的是，在高校的共同理想或价值观念的指导下，在所授权的领域中，个体可以自己决定自己的工作内容、工作方式，实现自我激励，从而更好地将工作做好，这是一种可以将人本管理主体充分表现出来的一种管理环节和方法。就像美国的经营学家杜拉克指出的那样，没有自我的经营能力，就无法充分利用自身的才智、知识、经验和技能。

（四）人本管理的核心是激励人

在高校经营中，激发教职工的主观能动性，是高校经营的核心。具体来说，就是为了达到某种目的，而去对人们的内心需求或动机产生影响，从而强化、引导或改变他们的行为的一个重复的过程。对人的需求进行充分的满足，这是人本管理的客观要求。在公共机构中，行为激励发挥着指导组织成员为达到组织和自己的目的而奋斗的功能，促使他们能够更好地满足自己的需求，这是人本管理的核心内容。

1. 行为激励的基本任务

行为激励的根本任务就是要调动组织成员的积极性，激发他们的创造力和主动性，让他们在实现计划、组织、协调和控制等功能时，能够保持组织系统的良好运行。同时，利用对教职工的行为动机，将教职工的价值观和认同感与高校联系在一起，并将教职工和高校的命运联系在一起，从而建立起一个牢靠的团队。

2. 行为激励在组织管理中的作用

（1）以行为为动力，以吸引更多的优秀教职工。通过对教职工的激励，使教职工的合理需求得到了较好的解决，从而能够将组织所需的有才能的教职工吸引到自己身边，从而提升组织团队的教职工质量。

（2）为了改善教职工的工作表现，必须采取行为动机。根据组织行为学的理论，一个人的工作业绩的高低，既有其自身的能力，也有其自身的激励，如果用一个表达式来表达，则是：工作业绩＝能力 × 激励。在现代高校中，如何对教职工进行有效的激励，并将教职工的主观能动性发挥到最大程度，是提升教职工工作业绩的重要因素。

（3）以行为为动力，以有效地发挥高校的人才优势。心理学家认为，人的潜能很大，而激发潜能的效果决定着潜能的发挥。

3.行为激励在组织管理中的效果分析

激励力量的大小与目标价值与期望概率有密切联系。

激发力量＝Σ 目标价值 × 期望概率

这是一种预期模型，表明动机激发的水平与不同的目标值以及预期的可能性密切相关。被激励的人，越是重视自己想要达到的目的，就越是有可能达到，能够发挥出的威力也就越强。

在预期没有实现以前，预期只不过是一个估算，其最终的激励效果如何，还要看具体的效果。将真实的效果和预期的效果进行对比，可以分为三种情况。

（1）现实效果大于预期效果，会让人开心，让人自信，让人的激励效果更强。

（2）真实的效果＝预期效果，这是预期效果，如果没有更多的奖励，热情将会保持在预期的程度上。

（3）当现实效果低于预期时，就会出现沮丧情绪，从而导致激励效果失效。

三、人本管理与制度管理相得益彰

一个没有限制的机构就像一盘散沙，很难有凝聚力。制度是提高高校凝聚力的制度保证，一个高校如果没有制度的规范，就会变得无序和混乱。但是，只靠制度来进行管理，缺少人性化也是行不通的。要使人性化和系统化的管理相互融合，做到刚中带柔，相互促进。

（一）制度管理与人本管理的联系

1.制度管理是人本管理实施的有力保障

任何一种经营思想与方法，都是以调节与激励人们的行动，以达到最佳的经营效果。制度管理指的是以组织的各种法律法规、章程、条例、守则、规程、程序、标准等成文的规章制度为依据，以组织职权为基础展开的程序化管理。制度管理着重指出：（1）一个有严格规范的规章制度的组织，能够使领导指挥、管理决策、监督与执行各循其章、职责明确，并在解决问题时具备程序性和规范化，这对维护公共组织的稳定和民心的安定起到积极作用。（2）严厉的规定是一种规范，它是一种用来调节一个人与另一个人的关系的规范，它有助于一个人的工作风格和专业态度的养成，它是一个公共机构执行管理过程中必不可少的一根柱子。而且，因为有了相对严谨的实施标准，所以对于会员的评价也十分便利。（3）体制对人具有刚性的制约作用，人人在体制下一视同仁。系统的治理是一种不以个人意愿为基础，不以领导者的变动为条件的治理方式，它是一种以公正为基础的治理方式。它将人的行为引导到通过制度约束来达到管理目的，可以有效地克服因人本管理对人较为理想化的假设所导致的个人主义，和因人本管理对人的柔性约束所导致的管理松散现象，从而为人本管理的实施提供了强有力的保证。

2. 人本管理推动制度管理的升华

只有具备了一定的硬件条件，没有了相关的软件条件，这些设备也就成了死气沉沉的机器。如果一个高校仅仅依赖于一个简单的组织架构和硬系统来进行管理，而缺少了对其成员共同价值观、目标认同、工作使命感和工作满意度等"软件"的支撑，就不可能实现高效率的经营。以人为本的经营方式可以有效地解决因系统经营的相对稳定而导致的经营中的保守现象；但是，系统的管理偏重于对全局的一般性的管理，因而制约了个体的发展；因流程设置过于苛刻，造成了高校创新能力欠缺等问题。将弹性化的人性化管理与硬化化的系统管理相融合，就像将人类的身体与灵魂相融合那样，系统的管理才能获得更高的层次。

（二）人本管理与制度管理的相互交融

"人文"与"体制"并不是"二选一"的相互排除，而是可以相互交叉和兼容的。片面地、孤立地实行某种经营方法，是一个不完美的高校经营。在当代管理中，两者的互补性表现为：管理的全面发展，管理的功能互补，管理的目标一致性，管理的规范统一。

1. 管理发展的完善性

任何一套经营体系，都有它自己的问题与不足，无法做到十全十美，都有发展的需求，必须不断改进。一个系统的管理，最多也就是比较严格，比较完备，不会牵扯到各个方面。因为，作为管理的中心对象的人，并不是被系统所控制，他们在进行管理的时候，总是要表现出某种程度的主观能动性，从而对组织的管理产生很大的反影响。在"人人重视,人人尊重"的人文环境中,系统管理可以得到最大限度的发挥。一种制度规范的形成,会加强和推动相应的人本管理规范,提升人本管理规范的水平,实现人本管理和制度管理的发展。

2. 管理功能的互补性

与"以人为中心"的管理相比,"以制度为中心"的管理更能有效地克服"以人为中心"的观念上的缺陷。这是由于人类的思维方式具有局限性,在某个历史时期,人们的思维方式与其所处的时代水平相脱节。制度管理是依靠其权威的强制力,从外到内起到它的作用,它不以行为主体的思想意志为改变,因此,个人的行为必须与总体运作相协调。系统治理注重系统的构建,加强系统的功能。制度化的硬性管理原理,就是要把所有的机构都置于规章制度的硬性制约之下。与传统的行政方式相比,人性化的行政方式更能有效地解决行政强制力量的限制问题。制度的治理既有"过程"的限制,又有"空间"的限制,而且过度的强迫会导致人们产生逆反的情绪。人本管理利用内在的力量,激发了人们的自觉和自律意识,用自身的灵活性来补充硬性系统的缺陷,从而降低乃至消灭人们的叛逆心理。尤其是当一个人的"尊重"与"关爱"的环境已经建立起来之后,一个较大的、较长久的、较大规模的社会认同,将会产生一种长久而稳固的效果。

3. 管理目标的一致性

人性化与系统化两种管理方法均有其共同的目的。系统的管理使用的是硬性的、直接的方法,而不管人们对它的了解和认同,对它的行为进行严厉的物质和精神上的惩罚,从而能够高效地达到管理的目的。系统管理不仅是一种约束,而且是一种观念的巩固。但是,人本管理采用的是一种灵活的、间接的方法,它以人的认知和情绪为依据,以精神上的自责和别人的指责为手段,来实现对管理的高效实施。以人为本的管理力求与自身所认知的价值准则、基本信念和行为准则等文化精神相一致,并与系统的文化精神相融合。高校经营的两个目的是否一致,决定了高校经营的宏观经营与微观经营的合理性与有效性。

4. 管理规范的协调性

人本管理和制度管理在管理规范上表现为纪律和自由的协调性。组织必须有一定的纪律,以维护组织的统一和秩序。这种纪律要以明确的规章制度的形式要求每个成员严格遵守,纪律是组织行为的硬件。而每个组织成员个性是多样化的,兴趣、能力、气质、性格都各不相同。在同一个组织中每个成员都有按照自己的愿望、满足自己需要的不同行为动机,而这种自由是组织行为的软件。纪律是为了维护组织的整体利益，也就是维护组织成员的个体利益；自由是为了充分发挥个体的潜能，也就是为了更好地实现组织整体利益。如果不能将纪律和自由有效地结合起来，将会造成组织管理的混乱和无序。人本管理和制度管理的结合将使组织纪律和个体自由实现有机的统一，在管理规范上呈现协调一致，从而使社会、组织、个体的利益得到全面的实现。

第二节　实行人本管理是高校管理改革的必然选择

"以人为本"是一种在多年的管理实践中不断摸索出来的、被公认为是一种非常有效的管理思想。以人为本的经营理念，在中外各大高校中都获得了显著的成效。高校是人才资源最丰富、最能造就优秀人才的机构，在高校实施人性化管理显得尤为迫切和必要。

一、高校人本管理的内涵

所谓的高校人本管理，就是要从高校的特定管理背景出发，对大学教师的地位、价值和需要进行充分的关注，对其进行改进，扩大其发展的平台，从而达到人和大学的和谐发展的目的。因此，在大学中，以人的需要为中心，以人的价值为中心。而实现大学与人之间的协调发展，则是大学人文管理所追求的一种理想境界。在知识经济的大环境中，大学实施"人性化"的管理，应注意下列几点：

（一）在管理理念上注重以人为本

在经济社会的发展中，人们对管理的要求越来越高，对人的本质的认识也越来越深刻。对人类本质的尊敬，首先体现为对人类普遍本质的认识，引发人类本质上的光芒，从而引发人类对"真""善""美"的探求。大学作为一个高质量的人才聚集和培养的机构，更强调人文关怀。其次是对人类个性差异的重视，体现在对个人个性差异的重视上。由于个人生活目的的不同，所以对个人生活的管理与激励应该采取不同的灵活方法。"以人为中心"包括"教师为中心"和"学生为中心"。"师道"意味着学校的管理人员对教师的潜力、经验、创造力和责任感有充分的认识，认识到教师的自身的价值与尊严，尊重教师的身份，为教师的才能提供一个充分的施展空间；所谓"以生为本"，就是把全体学生当成学校发展的生命，把他们当成工作的核心，注重提高和培养他们的能力，让他们有更多的发展机会。

（二）在管理方式上实行人格感召与制度完善相结合

高校领导要坚持"以人为本"的思想，并将其落实到实际工作中，做到以身作则，做到善待他人、尊敬他人、关爱他人、乐于助人，营造一个和谐的环境，为每一位教师和学生提供各种有利的环境，使他们的人格得以彰显，他们的专业能力得以发挥，他们的成就也得以实现。在此基础上，要发挥教师的主观能动性、创造性、亲和力。只有将个人激励与系统改进有机地结合起来，才能实现科学、理性、人性化的管理。首先，加强大学人文教育的体制保证，对大学人文教育的发展起到了很大作用。大学人才培养必须建立与之相适应的人才竞争制度，使人才得到充分发挥；要建立与之相适应的激励体系，使之成为强有力的内部激励；要建立与之相适应的选拔体系，并对其进行最优配置。

二、高校实行人本管理的必要性和重要性

（一）高校实行人本管理是落实高等教育根本任务的需要

高校在发展科技文化事业中发挥着举足轻重的作用。21世纪的高端人才，除了拥有"掌握"，更应该具有"创造"与"应用"两种素质，但这两种素质常常被忽视。通过中美两个国家的专业教学对比，一些学者发现，中国的学生智力水平高于外国，但是实践能力不足，缺少创造性；美国的学生尽管没有中国的学生那么坚实的基本功，但是他们的实践能力、冒险精神和创造力更强。究其根源，主要在于我们国家与美国在办学思想、经营思想等方面存在着较大的差距。要实现教育的基本使命，就要从简单的知识容器，考试机器，分数奴隶转变为以鲜活的，有思想的，有人格的"人"，在观念上，在制度上，在措施上，在方式方法上，以人文精神为本，贯穿于学校的每一个环节和每一个细节。唯有如此，才能使其真正地变成"人"，具有坚实的基本功，并具有创造性、动手能力的"接班人"。

（二）高校实行人本管理是贯彻落实现代教育管理思想的需要

21世纪是一个"知识经济"的年代，它突出了对人才的发展和对科学技术的革新，对民主、平等、创造性的追求，这就不可避免地反映到了当代的教育经营中，需要坚持"以人为中心"的经营观念。随着知识的爆炸式更新，智力的结构性重塑，科技的创新性发展，即便是拥有较高的知识水平和学历层次的教育管理专业人士，在日益加快的知识繁殖和新陈代谢过程中，在不断涌现的新事物和新问题面前，也

会变得力不从心，捉襟见肘，被时代所淘汰。所以，在知识经济时代，学校教育管理者要坚持"以人为本"的理念，坚持学习新的知识，扬弃旧的观念，提出新的观点，开拓新的思路，只有这样，才能满足21世纪终身教育和人文教育的需求。伴随着国家教育改革的不断深化，教育的育人观念已经出现了根本性的改变，这就需要建立一种更为民主、自由、平等的教育关系，改变教育管理者的观念，既要使学生的质量得到充分的发展，又要使老师的质量得到全方位的提升。进入新的时代，引入新的观念，将导致一次教育的变革与革新，这就要求我们不但要把"以人为本"的观念贯彻到教学中去，更要把它贯彻到管理中去。

（三）高校实行人本管理是理顺高校内部关系的需要

目前，我国高等院校中还普遍存在着"服务性"问题，这严重地制约着高等教育的发展，需要对服务性的人才培养进行合理的管理。一是师生关系的不协调。在教室里，老师处于核心位置，拥有着绝对的权力，不管是在教学方式上，还是在教学内容的安排上，老师都不能让学生提问，更不能让师生之间形成一种平等的对话。在这种情况下，学生的创新意识无法得到充分的发展，创新意识和创造力无法得到充分的发展。其中，"以人为本"观念的淡化，是造成此一现象的重要原因。现代大学要确立"以人为本"的办学思想，使大学生的积极性和创造性得到最大程度的调动，从"要我学"向"我要学"的转化，不断提升人才的素质。二是师生间的角色定位问题。在大学里，要做到以教学和科研为中心，要使管理人员和管理工作更好地为教学和科研提供更好的服务。但是，许多大学都有许多不规范的地方，比如，老师们在课堂上没有休息间；去相关的单位，往往是门难进，脸不好看，话不好听，事情不好办；在不平等的利益分配方面。这样的行为，危害极大。要解决这个"倒置错误"的问题，就要实施人性化的管理，加强管理者的服务观念，提升管理者的服务水平，真正做到为教师和科研人员服务。

三、高校实行人本管理的路径

在高校与国际社会日益加深的背景下，高校经营中"人"的作用日益凸显。因此，在大学教学中贯彻"以人为本"的教学思想，提升大学教学质量，是大学教学改革中亟待解决的重要问题。

（一）努力营造以人为本的良好氛围

在一个轻松的校园教学氛围中，学生的兴趣、性格、能力等各个方面都可以获得更好的发展，同时还会增强学生的创造力、独立性、学习性等高水平的素养。在学校教育管理过程中，将民主平等、集体合作、团队精神、规则意识等人与人之间和谐相处的原则进行渗透，从而促进了教育者与被教育者的互动教育关系的发展。在校园文化和环境建设中，进行能够将人文精神融入其中的设计，让学校的每个角落都能够起到育人的作用，让学生在不知不觉中接受人文精神的熏陶，从而提高他们的自觉性。在学校中，管理者和被管理者之间的理解可以帮助每个人更好地了解彼此的工作结果，也可以帮助他们意识到自己本职工作的重要性。管理者对被管理者的理解不但可以帮助营造出一种互相尊重的气氛，还可以发挥出强大的教育作用。

（二）建立健全以人为本的管理制度

在"以人为本"的理念的指引下，加强对高校的教育、教学和行政工作的全面、规范和可操作性。在体制方面，要强化感情管理，建立思想政治工作机制，经常开展感情交流，政治学习，思想交流等活动，扩大与人民的联系，拉近干部与人民的心灵差距，拉近干群之间的感情。在学校的经营运作中，要实施具有可操作性的、人性化的"严制度、软管理"，宽严结合，情理并用，重视工作的结果，把教师和学生放在第一位，营造出一个和谐、宽松、民主的学习氛围和教育氛围。

（三）着力构建科学合理的管理结构

高校组织是高校经营观念的现实载体。这种具有封闭性的权力的等级链式的结构，将上下两级之间严格的等级差别和命令服从关系表现出来，对教师的工作人员造成了很大的制约和束缚。在知识经济条件下，这种治理模式并非必然的趋势。人性化的治理架构要以效率、理性为目标，构建开放、灵活、扁平的治理体系，以便于对教职工进行有效的管理，并以教职工间的感情沟通为目的。同时，建立一个方便的交流系统。

（四）积极建构与教职工的心理契约

"心理契约"这一概念，由美国知名的管理学心理学家施恩博士所创立。在他看来，心理合约是指在个人将有所贡献与组织欲望有所取得之间，以及组织将针对个人期望收获而有所提供的一种配合。简而言之，就是在每一个被经理人的内心深处，对相关的组织职责和权利的认同和承担，这是被经理人在特定情况下，进行利益权衡之后的结果。一个好的心理合约能够将个人的作用和个人的需求结合在一起，从而产生出一股强大的动力，使其有效地发挥作用。当"以人为本"的管理思想被顺利实施时，被管理者除了获得必需的金钱赔偿之外，愿意付出一定的忠诚度、创造力以及额外的精神上的投入，来获得工作上的安全感和公平性，并获得高校对其个人价值的追求与认可。高校要为被管理者提供一个充分发挥自己才能、发挥自身价值的平台，与此同时，高校要及时地发现并解决被管理者在工作和生活中遇到的一些现实问题，如果不能很好地解决，那么就会出现一些思想上的问题，从而对工作的心态造成一定的影响。高校管理者要擅长诱导，适时地进行指导，使被管理者可以在学校发展过程中，寻找到一条适合自己的发展之路，从而将自己的整个身心都与学校的发展融合在一起，贡献出自己的一切智慧。可以说，一所大学的成败，离不开"以人为本"的管理思想，在大学和大学之间建立起一种"心理契约"，从而吸引到更多的优秀教师，为他们开辟一条可能的就业之路。

第三节 高校人力资源管理必须实行人本管理

周济在《以人为本人才强校》的主旨演讲中，对"以人为本位"的思想进行了深入阐述，提出"一所学校的发展和壮大，关键在于人才"的思想。学校要以教师为中心，要有一只高质量、高水平的师资队伍。要尊重和爱护人才，要有"以人为本"的经营思想。在大学里，最重要的人才是大学里的人才。大学人才的培养要以人为本。

一、高校人力资源管理实行人本管理的必要性

在大学的经营中，人力资源管理起着举足轻重的作用，是指在一定的环境和条件下，对管理对象产生作用并进行调节的过程。因为大学的人才培养具有很大的横向空间，很大的垂直空间。因此，要搞好大学人事工作，就要实施以人为本的管理。

（一）这是应对高校之间激烈竞争的需要

随着知识经济的发展，大学与大学的竞争已经不仅仅是地理环境和经济福利的竞争，也不仅仅是办学设施、经费和办学传统的竞争，更多的是对人才的争夺，因此，大学经营的核心应该是对大学的经营，而其经营的核心就是人自身。在中国，高校的人力资源管理已经从传统的计划管理过渡到了现代的自主管理。在此过程中，对人的认知也从学校人转移到了对社会人的研究，同时，高校的人力资源管理也从行政管理转向了人本管理，逐渐构建起了以人为核心的管理模式，并在此过程中，还提出了待遇留人、感情留人、事业留人的人本管理理念，这些理念也是当代高校人力资源管理工作的根本。

（二）这是由高校主体的特殊性决定的

大学作为一种高层次人才的集中场所，是一种特殊的群体。大学教师思想灵活，在工作内容上具有专业与学术性，工作方式上具有个性，工作时间上具有持续性，工作进程上具有创新性。高校人力资源管理中，主客体双方具有高层次特征，这就要求大学人才的培养必须尊重人，理解人，教育人，培养人，关心人，而不是一味的硬性规定。由于教师队伍的高质量，他们一般都有着很强的自尊心和表达欲，他们对尊敬的需求比对物质的需求更大，对自身价值的需求比对物质的需求更大。因此，大学的人事管理要更多地反映出"情"的特征，从纯粹的制度管理到重视人的感情的人本管理。唯有如此，才能将全体老师的主体性发挥出来，发挥他们的积极性、主动性和创造性，全力以赴地投入到教学、科研工作中，为培养高质量的创新人才，为学校的建设与发展做出自己的努力。

（三）这是构建和谐校园的需要

在新的历史条件下，我们党既要面对新的发展机遇，也要面对新的挑战。高校建设是党的建设中的一项重大课题。因此，加强人才培养、提高人才培养质量是根本任务。在高校的人力资源管理工作中，假如缺少了强烈的人本观念，缺少了足够的感情沟通，只是简单地下达了行政指令，那么大部分的教师和学生就会出现叛逆的情绪，他们在思维上会变得疏远，在行为上会变得一盘散沙，无法取得新的发展。经理和雇员之间的精神联系和情感交流，并不是通过权力、奖励和钱财来实现的，更多的是通过一种真诚的、朋友般的友情和情感交流来实现的。经理人员可以从接触中获得职工的心理状态、工作状态、工作关系等信息。情感管理是人本意识的直接产物，它关注的是教职工的心灵，从他们的心灵中去调动他们的内在潜能、主动性和创造力，从而形成一个和谐、向上、具有亲和力的人际环境和家庭气氛。

二、高校人力资源管理实行人本管理的途径

（一）理念层面

1.树立以教师和科研人员为本的管理理念

列宁曾说："一所大学的真实性质与走向，并非取决于当地团体的善意，并非取决于学生会的决议，亦非取决于课程纲要等等，而在于教师本身。"[①] 从这一点

---

① 列宁.国家与革命[M].人民出版社，编译.北京：人民出版社，1949.

可以看出，高校领导不应以决议、课程为主要内容，而应以教师、研究为主要内容。为此，我们要确立"以教学为中心"的教学管理思想。要建立一套科学的，规范的，有效的服务保证系统。作为一所高校的主体，教师和研究人员的工作重心应该放在提升教育和研究的工作上，这就需要其他的部门，以及人力资源管理部门，都要有一种"教师和研究人员为本"的服务理念，建立起一套科学、规范、有效的服务保障系统，对他们的合理需求进行全面的回应，为他们提供各种优质高效的服务。

2. 树立"以能为本"的管理理念

以人为本，以"用人所长"为原则，在人才的培养中，要以人才为核心，确立"以能为本"的人才培养观念。在人才的经营中，要构建适合人才表现和发掘人才潜力的经营体制。首先，要构建一套对教师素质进行科学评价的指标体系；其核心是要对高校教职工，尤其是教职工和研究工作者的真实能力进行科学的界定，并对其进行科学的评价，使之成为"以能为本"的管理基础；第二，要构建"能岗相配"的人才培养体系，使人才培养达到"以能为本"的目的；根据现代管理理论，当人才与岗位匹配时，人才不仅可以最大限度地发挥，而且可以适当地释放其潜力；反之，就是适得其反。对大学师生和研究者而言，就是要将善于教书育人的人才留在教书育人的岗位上，使他们的才能得以发挥。这不仅是对领导干部个性与才能的充分肯定，更是对领导干部"以人为本"思想的具体反映。第三，要根据高校的经营业绩，制定合理的收益分配制度。个人的才能，归根到底还是要在工作中得到体现，而业绩则是个人才能表现出来的客观结果。在物质奖励层次上，只有将业绩与薪酬相结合，才能最大程度地激发人的主观能动性与创造力。所以，在配置层面，重视教职工的业绩，就是对"以能为本"的一种确认。

3. 树立"以结果为本"的管理理念

美国管理学家杜拉克指出，管理者应该重视对人的管理，根据其工作性质，人可以被划分为体力和智力两类。在经营成效上，"泰洛式"经营更适合于从事体力劳动的经营，而"成果导向"经营则更适合于从事智力劳动的经营，也就是知识型经营。泰罗制注重的是对雇员的约束，而成果导向的管理则更注重雇员获得的成果。前者偏重于对行动的规律性的制约，认为行动的程序是规范化的，其效果必然是好的；而在后者看来，个人对自己的行为负责并不等于对自己的行为负责，因而，个人对自己的行为负责才是规范的任务。高校作为一个智力高度集中的地方，很明显，在对师生进行有效的管理时，不能过于注重其自身的素质，而是要注重效果。这是由于他们的工作性质所引起的。杜拉克从智慧型劳动的特征出发，指出智慧型劳动的成效取决于六个因素：应当更加关注其自身的使命；具有自主经营的能力，也就是自主，勇于创造；能够继续学习，并能够继续教导他人；要掌握好工作的质量，不要只看数量；要将智力工人视为一种资源，而非一种费用，就需要让他们在有其他机遇的情况下依然心甘情愿地为该机构效力。所以，大学的人才管理，尤其是教职工、研究工作者，都要确立"成果导向"的管理思想。在工作中，应为其创造一个自由的工作氛围，使其具有充分的自我意识和创造力；在制定经营制度时，应将是否能够不断地调动教职工的创造力作为评判制度是否有效的最重要的依据。

（二）制度层面

1. 探索构建科学有效的激励机制

在高校经营中，激励是高校经营的中心，而高校经营则具有独特的作用。大学管理者要对各种激励方式进行合理的结合，使其能够主动地提升并充分地发挥自己的工作才能。在实际操作过程中，可以结合其本身的特性，将下列几种不同的激励方式有机地结合起来。一是以目标为导向的动机。通过构建学校、部门和个人的多级目标体系，并在目标体系的运作过程中，持续地提出新的目标，以此来促使教职工朝着更高的目标去努力，激励他们为实现组织的目标，而努力完成个人的目标，以此来让个人的价值以及他们在组织中的地位和作用得到充分的体现。二是对其进行物质上的奖赏。在现代高校中，最常见的一种激励形式就是对有工作表现和工作表现突出的人员进行物质报酬，并且可以换算成某种价值的货币。在市场经济中，它往往起到很好的作用，但是，它的运用也会起到很大的作用。三是对提升的鼓励。学院以升迁和加薪的方式，充分发挥每个人的潜力，并给每个人一个成长的机会。四是鼓励人们积极参加。用合理化建议、与各级管理层对话等民主管理方法，让教职工有机会参加制定规划和做出决定，让他们感觉到了学校对他们的信赖，让他们有一种强烈的主人翁意识，从而让他们对高校充满了信心，从而激励他们对高校的信心，让他们不断地提升自己的工作水平和业绩，不辜负高校的期待。五是身份的驱动力。在教职工取得了一定的成绩和进步之后，学校领导应该在合适的场合，以祝贺、表彰、认可、示意等形式，对他们所取得的成就进行认可，从而让他们有一种成就感，从而让他们拥有持续向上的动力。

2. 探索构建发展性的教师评价体系

对教师进行评估，既是对其进行有效的管理，又是对其进行有效的考核。当前，基于管理目标，学者们将学校教育的绩效评估划分为"奖励-惩罚"型和"发展性"

两种。前者以教师以往的行为为评估对象，以奖励和惩戒为终极目标，通过对其行为结果优劣的判定，做出解聘、晋升、调动、降级、加薪、减薪等决策。而后者则是基于人本主义的理念，以促进教师的发展为目标，关注教师的未来个性、职业和专业发展，对促进其个性、职业和专业发展的各种因素进行全面的评估，从而提升其自身的素质。发展性教师评估就是要根据这些评估结果，及时纠正偏差和扶正偏差，使其朝着自己所期望的方向迈进。建立发展性的教师评估系统，首先，要以教师的将来为导向，将能够促进其个性、职业和专业发展的一切影响因素作为评估的主要内容。第二，要充分调动学生的积极性，使学生成为教师的学习对象。这是由于，只有在老师们对评价进行积极的投入，他们才有可能对评价的意义和价值有一个准确的认识，体会到评价对改善教学、促进职业发展的影响，体会到评价者对自己的尊敬，这样他们就可以真正地接纳评价的结果，并积极地加以改进。第三，在实施动态的纵向评价时，要充分考虑到教师成长的客观性。教师的发展不可能一朝一夕完成，必须经过一个渐进发展、逐渐成熟的过程，因此，在对教师的评估中，除了要对其进行最终的评估之外，还要重视对其自身发展的评估，并与其进行持续的交流、协商、研讨，让其认识到自身的优点和缺点。建立发展型教师评估制度，应尽可能地不将其与奖励和惩罚联系在一起。对发展性教师进行评估的成功与否，取决于其是否主动地参与评估，是否公开评估。在对老师的传统评估中，为何老师无法做到患者与医师之间的坦率？这是由于在传统的评估体系中，有奖励和惩罚。王斌华先生的《发展性教师评价制度》认为，"当一个带有奖惩要素的评价体系出现时，就会明显地对老师的诚实感产生一定的影响，老师就难以主动地参与到课堂教学中来。"[①] 所以，鉴定人不应该是一个裁判员，而是一个治病救人的医师。

（三）措施层面

1. 全面了解教师的需求

任何一种经营都必须以人为本。大学人事工作的目标是具体的人群，以人为本的工作就是要充分理解这个具体人群的需要。马斯洛认为人们的需要是由低到高的，人们只能在较低的需要得到比较满意的情况下，才能进一步提高。当代"目标人"的人性观还表明，人具有一种内在的动机，能够充分地达到自己的目的，并能够生成新的目的，人的工作的意义与生命的价值，就是通过内心的目的的生成与达成，进而推动自己的发展。首先，就是对时空的把握。随着高等教育事业的不断发展，

---

① 王斌华. 发展性教师评价制度 [M]. 上海：华东师范大学出版社，1998.

各地区的社会经济发展程度存在着很大的差别,因此,对高等教育事业的要求也存在着很大的差别。从中华人民共和国成立至改革开放以前,人们主要是为了满足自己的基本生存需要,而大学里的大多数人对物质的需要都是比较低级的。伴随着我国经济的持续发展,高校的办学环境也发生了质变,同时,高校教师的工资也随之上升,特别是当前大多数高校都采取了校内岗位津贴制度,教职工的基本生活条件已经得以解决,因此,他们提出的要求一定是更高层次的要求,因此,高校的人本管理要根据这种特殊的情况来展开。其次,就是分层的问题。高等学校的人才结构比较复杂,人才质量水平的跨越也比较大。因此,在大学人文管理中,应该按照不同的层级来对人文进行定位,底层的人应该以"经济人"为主,上层的人应该以"社会人"为主,并依据这些层级的人的人文地位来确定人文管理的方式与方法,从而达到理想的管理结果。第三,特色定位。因为大学里聚集着大量的知识份子,所以他们的需要特征就成为了他们最重要的人类特征,他们的需要在较小的层面上并不像马斯洛所说的那么明确和严谨,也就是说,追求物质的生活环境并不是他们的首要要求,相反,他们更看重的是对思想的追求,对理想和信念的实现,也就是说,这是一种在自我实现层面上的需要。所以,在人才培养的方针与方法上,必须充分反映人才培养的特征。

2. 营造良好的工作氛围

心理分析结果显示,人在缺乏被人尊敬的情况下,容易产生自卑、消极情绪和逆反情绪。立足于对教职工的尊敬,为教职工创造舒适的工作氛围,是当前大学人事工作的一项重点工作。

首先,针对老师工作的时空不受限制的特性,在对老师的管理上给予更大的自由度,特别是在教学科研工作中,要给予老师更多的自由创作的余地,要注重对老师的积极指导,多提倡多禁止,多表扬多批判,多关注老师的人性需要,这样才能更好地发挥老师的创造性和积极性。其次,在人事工作中,要充分考虑到老师的意愿,遵循"民主"的原则,让老师们都能参加到各种规则的制定中来,特别是要重视和重视专业人士的建议,提高他们在政策制定中的科学素养和对政策的认同程度,给老师们从消极的管理转变为积极的参与,从而使老师们的积极性、主动性和创造性得到充分的调动。

3. 突出重视情感激励

从管理的观点来看,激励人的方式多种多样,包括物质激励、精神激励、目标激励和业绩激励。情绪动机只是众多动机中的一种。本文所要强调的是要确立"以感情为本"的经营观念，并非否认其他的经营方式，也并非要以感情代替一切。本文将感情激励作为当前大学人才管理观念变革的一个重要组成部分，其原因在于：感情激励是大学人才管理中一个较为薄弱的环节，也是大学人才管理实践中经常被管理者忽略的一个重要因素。另外，在某些情况下，情感激励要优于其他的方法，这就是我们常说的"感情留人，事业留人"。一份由哈佛的威廉·詹姆士教授所做的研究证明：一个有固定工资的教职工只要完成20%~30%的工作，就可以保证他们的工作不会被辞退；而在情绪因素的刺激下，学生的学习效率可以达到80%~90%，而情绪因素对学习效率的影响在50%~60%之间。从大学人事管理者的角度来讲，要确立一种"感情化"的管理思想，首先，要从个人层面上，不能滥用职权，对老师、研究工作者进行"命令"。二是要以对等的态度与他们进行更多的交流，听取他们的意见，做到对他们的了解。三是要建立一种为农民工提供服务的观念，在日常生活中多加照顾，为农民工解决农民工的担忧，让农民工能更好的就业。"感人心者，莫先乎情"，如果我们善于运用感情的力量，对他们进行激励和影响，那么，大学的人力资源管理就会充满着浓郁的人情味，还会有很强的凝聚力、战斗力和创造力。

4. 建设良好的校园文化

在人文管理理论中，人们一般将人文管理分为五大类，分别是：情感沟通、成员参与及自我管理、人才开发及高校文化。五种方法之间存在着一种有序的关系，一种是情绪层面的，另一种是文化层面的。校园文化是一种由一代一代的老师在漫长的教学实践中积累起来的，是一所大学特有的个性和总体精神，是一所大学最稳固、最具生命力的根基。在学校建设中，树立"以人为本"的教育理念。在一所大学里，教师是最有价值的一种资源，是一所大学的核心，是一所大学的主体。唯有对老师的作用给予足够的关注，最大程度地尊重人、关心人、依靠人、理解人、凝聚人、培养人、塑造人，才能够将老师们的工作热情激发出来，让老师们的工作热情得到最大程度地提升，让所有的老师都具有更强的社会责任感和使命感，让学校与老师们真正地形成一个命运和利益的整体，从而持续地提升学校的内部活力。建设优秀的校园文化，其关键在于建立一种学校和所有人的共同价值观念。一所大学所追求的最有价值的目标，必须得到它的成员的认同，这样，它就可以让它的成员们拥有一种认同感、亲近感、信任感以及归属感，这样，学校与它的成员之间就可以建立起一种共识，在它的组织中就可以有很强的凝聚力和整合力，它的成员群体也可以发挥出持续的积极性和创造力，最后，它可以让学校与个体之间达到一个更加协调的发展状态。

5. 加强人力资源管理部门建设

一个好的系统必须有一个好的管理人员和一个好的被管理人员来支持。它的一个突出特征是它的执行结果与执行人员的素质密切相关。为此，要强化人才队伍，为人才培养奠定良好的基础。一是将 HR 打造成一个"学习型"的机构。美国管理学家彼得·圣吉（Peter Sungi）所倡导的"学习"理念正在兴起。要想搞好大学的人事工作，就需要建立一个"学习型"的机构。将学习从单一的行为和阶段性的学习转变为终身的、全程的和全方位的学习。在研究过程中，可以帮助 HR 管理人员掌握科学文化知识，丰富管理科学知识，养成良好的心态，在表达、管理、研究、创新、人际关系等方面得到全方位的提升。二是要加强对高校的管理，不断改进高校的经营管理。高校人事管理人员要从教师的根本利益出发，以教师的基本利益为中心，以教师为中心，用最大的热情做好教师的工作。要树立起自己的服务理念，加强自己的服务意识，构建起自己的标准服务体系，对自己的服务进行改进和优化，从而提升自己的服务品质和水准，要彻底杜绝出现"门难进、事难办、话难听、脸难看"的现象。三是要精挑细选，精用人才。人才是大学的第一资源，所以，大学的人才管理人员要具备"惜才""识才""用才""护才""容才"的能力。在使用人才方面，要知人善用，发挥自己的长处，避免自己的短处，真正做到用当其时，用当其位，用当其长，用当其意。

三、高校人力资源管理实行人本管理存在的误区

目前，我国高等院校已经开始关注人才培养中的人文精神。然而，在高校人事制度的实施过程中，也出现了不少的错误，这些错误都必须引起人们的高度重视，并适当地规避。

（一）将人力资源管理与人本管理相混同

虽然，人力资源管理也与对人的价值、使用价值的认知和认同有关，但是，它将人的价值看作是人力资本，它是一种可以经过高效的管理和开发，从而创造出更高价值的使用价值。很明显，现在的 HRM（Human Resource Manager）更注重"人"的利用，"人"的利用与"物"的利用有一定的相似性，而对"人"自身的价值和"人"的将来发展却没有给予足够的关注。人本管理是指以终极关怀人的自身价值，促进人的全面发展等方式，发掘人的潜能，激发人的工作热情，提升工作效能，在达到

人的个人价值的过程中,达到高校的目的。人文管理所提倡的自身发展,不仅是人类自身发展的一个主要层面,而且是人类自身发展的推动力与源泉,是人类自身无法企及的。从目前我国大学的人事工作来看,人事工作的重点同样是对老师、研究人员的人事工作,看似是对学生的人事工作,其实是对教师的人事工作。人们常常将两者混为一谈,将实施的 HRM 与实施的"人本"相提并论。主要表现在:重视师资队伍建设,忽略了对人才的关心;重视教师的教研工作成绩,而忽略了教师专业素质的培养与学习;重视学生为学校做出的奉献,忽视学生自身的价值,诸如此类。

(二)将制度管理与人本管理相对立

本节提出了系统管理与人性化管理的关系。首先,坚持以制度为基础的科学管理,为实现以人为本的经营提供了坚实的保证。这种制度不受个人意愿的影响,也不随高校领导者的变化而变化,注重以公正为基础的经营。它将人的行为引导到通过制度约束来达到管理目的,可以有效地克服因人本管理对人较为理想化的假设所导致的个人主义,和因人本管理对人的柔性约束所导致的管理松散现象,从而为人本管理的实施提供了强有力的保证。其次,以人为本促进了系统的完善和发展。人本管理可以很好地解决由于制度管理的相对稳定而带来的管理的相对保守性,由于制度管理的重点在于对总体的一般性管理而压制了个体的个性发展,由于流程的过于苛刻而带来的组织的创新能力缺乏等问题。将弹性化的人性化管理与硬性化的系统管理相融合,就像将人类的身心意识相融合,从而实现系统的提升。但是,在实际操作过程中,一些大学很容易走入偏激的境地,他们将对人的尊重、信任、关心等人性化的管理方式当成了人本管理的一种方式,并将其与系统的管理相抵触,这就造成了人力资源管理工作的规范软化,系统的建设停滞,老师和研究人员的专业水平和敬业精神落后,使得学校的人力资源管理的整体水平得不到提升。

(三)将"重人"与"用人"相分离

在知识经济的背景下,我国高校面临着前所未有的机遇和挑战。从实质上来说,大学之间的竞争就是大学核心竞争力的竞争,也就是大学的学科建设水平和教师实力的竞争,无论是在国内,还是在国外,大学之间都存在着这样的竞争。为此,各大学已基本树立了"人力是第一资源"的观念,对人力资本的培育与利用给予了极大的关注。然而,目前我国高校对人才的管理与利用,还出现了观念上"重人"与实践上"用人"脱节的现象。主要体现在以下几个方面:第一,"重引入,不重利用"。各大学在招收新的老师和研究人员时,对他们的职业质量,尤其是对他们的文化程度,提出了更高的要求，一些大学更是规定没有博士学位不能进入。但是，对于新入职的教师，如何发挥其专业优势，如何优化其学术研究环境，如何为学校的教学科研做出贡献，如何为学校的发展做出贡献。第二，用人失当。目前，我国各级各类大学都存在着"官本位"的思想，一些人还抱着"学而优则仕"的思想，将"一官半职"当成了自己在大学里的地位和自我价值的体现。所以，我们经常见到一些在教育、研究方面表现优异的老师、研究人员，"如愿以偿"地提拔上了领导岗位，有些人为了"仕途"而扬言要"走人"。对此，部分学校的行政主管及人事主管也持肯定态度，并将其视为"专家治校"的一种具体实施方式。然而，人们却不知道，教师、研究人员的潜能只能在自己所熟知、所精通的学科中才能充分释放。用人失当，非但不能重用，反而会造成人才的浪费。第三，重视教育，忽视了工作的才能。学位是一个人在某一特定学科中从事科研工作的一个客观的尺度，而非绝对的尺度。目前，我国高等院校在人事管理工作中，普遍存在着以文化水平衡量人才素质的思想与做法，注重文化水平而忽略了能力水平，注重人才则体现为文化水平，凡是博士，就给房子，给位置，给票子，教师"硕士化"与"博士化"日益严重，而教师的素质却没有提高。这样的错误理解，不仅会损害那些知识水平不高，但实践水平却很高的老师们，也会因此而产生"人才流失"。从整体上讲，也是对"泡沫文凭""泡沫学术"等一系列不良行为的间接助推。

（四）将团队与个体相割裂

知识分子所从事的工作都是以个性为特征的，其所追求的首要目的是为了达到自身的价值，所以在大学的人事管理工作中，常常将老师和研究人员视为独立的个体，从而导致了群体与个体的分离。然而，在当代高校的发展过程中，无论在科研中，团队都起着举足轻重的作用。一个人或许可以发挥出自己的力量，但当一群人聚集在一起，组成一支创意队伍时，他们所能发挥出来的力量，远远超过了一个人所能发挥出来的力量。对此，大学人才的开发与利用应从根本上加强对拔尖人才与学科带头人的开发与利用。拿破仑曾经说过："在一头雄狮的带领下，一支羊队能够击败一头雄鹿带领下的一支羊队。"[①] 拔尖人才和学术带头人在科研队伍建设中起着举足轻重的作用。其次，要结合学院的专业发展需求，以学院的学术领军人物为核心，组建一支数量适中，结构合理，层次分明的创新型队伍，加强他们的进取心和合作精神，最大限度地利用集体的优势，鼓励和组织各专业的老师、研究员组成小组，进行协同研究，让他们在共同的理念与目的下，相互依赖，相互促进。

---

① 拿破仑·波拿巴.拿破仑随想录[M]吕长吟，译.北京：中国友谊出版公司，2017.

第五章 高校教师队伍结构

第一节 高校教师队伍结构概述

一、高校教师队伍结构要素

（一）教师队伍结构的概念

"构造"是一种将一件事情中的各种因素或部分联系起来的一种方法。一切事物的组成都离不开它的构造，而构造又是构成它的内部要素，决定着它的性质与品质。各种东西的构成方式，都是由各种东西的构成方式所决定的。

在高校教师队伍中，教师自身条件要素的组成比例和它们的相互联系，比如教师的职务、年龄、学历、专业等要素的组成比例，教师的素质和他们相互之间的关系等。

从制度学的视角，我们可以看到，师资是一种制度。体系理论指出：体系本身并没有其自身元素所具有的新的功能。元素的作用好并不一定是整个体系的作用好，一个体系的作用好不好，除了元素本身的作用外，还与体系的构造密切相关。这一原则对师资建设的理论和实践也具有重要的指导意义。为此，必须对高校师资进行合理的调整和优化，使其充分发挥作用。

师资力量的构成本质上是一种动态性的，既要与一定时期内一国的政治、经济发展水平相一致；它既要与高校的性质、任务、规模和专业的要求相一致，又要与高校的事业发展相一致。

（二）高校教师队伍结构要素

大学师资的组成成分大致可以划分为两种类型。一种是潜在的结构元素，比如：老师的思想政治素质、专业素质、创新素质、人文素质、心理素质等，这些都会对老师们的总体效率和稳定性产生直接的作用，这些都是大学老师们的组成中的一个非常关键的元素，这些元素都是真实的，但是却无法对它们进行特别的精确的定量。一种是显性的结构因素，包括教师的职务，年龄，学历，专业，学缘等，这些因素可以直观地反映出教师队伍的素质，能力，学术水准等，是大学教师队伍构成的一个明显的，可以被精确地定量描述的基础因素。

从潜在的结构上看，教师的思想政治素质、专业素质、创新素质、人文素质和心理素质是影响师资队伍结构的主要原因，在提高师资队伍的团结、稳定、凝聚力、提高教学科研水平、形成和发挥整体效应等方面具有举足轻重的地位。思想政治素养是高校思想政治教育的重要内容。专业素质是教师在教育教学活动中所展现出的，并且具有潜力的，稳定的，必要的专业品质，其具体内容包含了教师职业道德、教师专业知识和教师专业能力。创新素养是对教师进行科学研究所必需的一种素质，它包括创新理念、创新个性和创新精神。人文素养是一种对人的生命，人的意义，人的价值，人的精神境界，人的知识境界，人的思维境界等等。教师的心理素质是一种在教育实践过程中产生并积累起来的，它与学生的身体和精神发展有着紧密联系，并能对教育教学的结果产生明显的影响的一种心理品质的总体体现，它包括了认知因素、个性因素以及心理健康程度等方面。

二、高校教师队伍结构分析

（一）职务结构

职称结构是在一个师资团队中，拥有初级职称、中级职称和高级职称的人数组成。从职称高低到职称高低顺序为：助教职称＞讲师职称＞副教授职称＞教授职称；职称构成是评价师资力量总体水平的一个主要指标，从某种意义上说，职称构成体现了师资力量的学术水平、胜任教学科研工作的能力以及师资力量的高低。

高校教师岗位构成比例因高校类型、学科分布、人才培养标准、教师学历水平和相关政策等因素而具有差异性。比如，一些以人才培养和科学研究为主导的研究型高校，其高层人员所占比重很大，呈现出一种"倒锥状"的特点；教、研结合的高校，教师与低年级教师的比重偏低，而副高与中层教师的比重偏大，呈现出"卵型"格局；在以教育为导向的院校中，高层领导职位较低，职位构成了一个"金字塔形"。高校师资队伍的编制比例是不同的，要根据不同的学科、专业以及不同的级别，科学合理地确定师资队伍的编制。

近年来，我国正、副教授的人数在不断地增多的同时，也在不断地扩大，而在师资队伍中，却始终保持着相对稳定的地位。

（二）学历结构

学历结构指的是在一支拥有各种学历（学位）的老师们的人数的组成情况，它是一种能够反映出老师们的理论水平和科研能力的一个关键指标。尽管教育资历并不能真正地体现一位老师的教学与研究能力，但是它却可以从某种意义上说明一位老师在某一领域的起步与基础。一般情况下，越高的教育水平越高，越容易受到学科的影响，越容易进入学科的前沿，越容易进行科研、创造。该专业的教育层次是其理论知识、专业基础和科研能力的综合体现。

高校在其初始功能中起到了传播知识的作用。在欧洲，在近代以来的几百年里，它一直扮演着教育知识和培养人才的角色，而在近代以来，它一直被认为是一个教育和培养人才的地方。19世纪初，英国著名学者威廉·冯·亨伯德（1767-1835年）在柏林（现在的洪堡）提出了"教与学合一"的主张，并对洪堡的研究提出了新的要求。20世纪之交，高等学校为社会服务的使命被提了出来，其起点是美国的威斯康星州立大学。现代大学的功能主要包括三个方面：育人、科研和为社会提供服务。随着大学功能转变的发展，对大学老师的学术水准的需求也在不断提高，世界上许多国家都将高学历作为师资力量的一项基本特征，而高学历则是大学老师取得任职资格的一个主要因素。

在德国，无论在哪所高校，都要求一名教师或一名学者拥有一份博士文凭。在美国，尽管对于大学教授的职务资格并无明确的要求，但是美国大学教授的职务资格要求通常都是具有博士学历。例如，美国马里兰州大学的化学助教，必须先获得美国最好的五所高校的博士学位，并有博士后工作经验；然后，必须在美国最好的五所高校工作三到五年，甚至更久。2002至2003年间，斯坦福大学的教授中，拥有博士生学历的占99%。据USNEWS 2004的最新排名，哈佛大学、德克萨斯大学、南加利福尼亚大学、圣地亚哥州立大学，这四所高校的师资力量基本都是具有博士学位的老师（未统计），哈佛大学近97%，圣地亚哥州立大学（最低）也达到92%。

（三）年龄结构

从某种意义上来说，老师们的年龄结构可以体现出老师们的朝气以及他们的学术梯队的基础情况，是一项评价老师们创造性水平的重要指标。

合理的年龄结构指的是老、中、青教师应该基本达到平衡，这样才能让整个团队都拥有丰富的经验、深厚的功底，同时还能有创新的激情，这样才能确保团队的可持续发展。一个合理的年龄结构不应该是高、中、低三级职务分别分布在老、中、青三个年龄层面上，更重要的是在高层职务中应该有三个年龄层面的人。心理调查显示，一个人的活力与创造性与他的年纪相关。

（四）学缘结构

学缘结构指的是一支教师队伍中，老师们完成了最终学历（学位）教育的毕业学校和所学专业的构成情况，在某种意义上，学缘结构体现了老师们的学术互补和知识构成情况，也是一项可以度量老师们学术气氛是否活跃的重要指标。

一般而言，一所大学中，师资资源越是丰富，其校园内的学术气氛就越是浓厚，老师们的学术见解与理念也能相互补充，对提升老师们的总体学术水准是很有帮助的。相反，同样的学科，也是造成原创研究不足的一个重要因素。在相同的学校，相同的实验室，相同的研究所，甚至相同的老师，他们在学习环境，知识结构，思维方式上都会表现出强烈的"同质性"。在一个"同质性"很高的团队里，很难出现异己观点之间的冲突，因而彼此之间产生创造性想法的可能性也很小。

（五）专业结构

专业结构指的是在教师队伍中，教授公共基础课、专业基础课和各类专业课的教师的数量组成情况，专业结构在某种意义上，可以将这支教师团队承担教学科研任务的能力进行反应，同时也是一支能够有效地反映出学校学科建设情况的一种重要表现。

近年来，我国高等院校由于招生规模的扩大和新开设的专业数量的增加，导致了我国高等院校师资队伍的整体布局不尽合理，各个专业的师资队伍在不同的专业领域中比例失衡。在某些传统的专科课程中，师资相对富余；一些专业，尤其是一些新出现的专业，其师资力量严重不足，严重制约着该专业的发展。所以，在专业结构上，要真正做到统筹规划、合理布局、讲究效益、互补优势、提高效能，让公共基础课、专业基础课和各专业课的教师配备与学校人才培养标准的要求相一致，与学校学科建设的要求相一致，与学校教学科研任务相一致。

（六）学科梯队和学术团队

在大学工作中，最重要的是要把学科建设放在第一位。在对高校师资结构进行分析时，既要从岗位结构、学历结构、年龄结构、学缘结构、专业结构等方面进行比较，也要注意到学科阶梯的组成情况。学科梯队是指在一个专业的基础上，由不同职务，不同学历，不同年龄，不同学缘的专业技术人员，共同构成一个专业技术人员团队。从总体上看，专业阶梯具有两大特点。其中之一是学科梯队的层次结构，在学科梯队中，会选出一名在该学科中水平最高、影响最大的学科带头人，学科带头人应该拥有很高的学术素养和很有创意的学术观念，拥有崇高的道德品质，对学科进行严格的管理，同时还具备很好的组织协调能力和团队合作精神，在学科发展、梯队建设、人才培养等各个领域都发挥着引领和凝聚的作用。各专业领域均设有一到两位在该专业领域具有较高学术地位的学术领军人物和数位学术骨干。二是学科梯队的年龄梯形结构，由老、中、青三个年龄段的老师组成的学科梯队，其中，年纪较大的老师负责指导并将自己的经验传给学生，而中年人则承担着该领域的重要科研和攻关工作，同时，为了确保该领域的可持续发展，年轻的骨干老师要占据一定的比重。

从新的一年开始，随着高校科研队伍的发展，高校科研队伍在高校师资队伍中的地位逐渐提高，科研队伍的构建也日益引起人们的关注。大学的科研团队是大学的科研工作者（或老师）为寻求并达到一个共同的科研价值或科研目的，所组成的一个互相联系、互相协作的科研工作者的科研团队。该学院的队伍具有如下几个主要特点。第一，具有相同的学习目的。研究对象的共有价值，是研究小组成立与发展的基本依据，也是研究小组成教职工作的价值取向与行为导向。第二，组织形式要有弹性。柔性的团队结构对团队人力资源的最优配置，提高团队的学术活力，促进团队的健康发展具有重大意义。其组织架构采用了核心学术带头人、中间学术骨干和外围科研人员（以老师为主）组成的"三圈层"的组织架构。第三，优秀的学科领军人物。当前，在现实生活中，大学学术团队尤其是科技创新团队的学术领军人物，一般都是两院院士，长江学者，国家杰出青年科学基金获得者，国家重大课题的负责人或主要负责人等，他们都是在学校的研究与教学第一线，专职从事研究与教学的人员。第四，要有好的交流方式。一个好的沟通通道是一个很重要的因素。其主要内容有：组员内外的信息交流以及组员间的信息交流。第五，高效的劳动分配和协作。为了保证团队运作的有序与活力，提高团队活动的效能与效果，必须进行高效的工作与协作。研究小组的成员可以是各领域、各职位、各专业背景、各有特色、各有特长的人，他们可以在小组内进行分工协作，以达到小组内的共同学术价值与研究目的。第六，义务分担。共同承担义务是大学科研团队中所有人共同参与的一种自觉意识和行动规范，是大学科研团队最重要的特点。

围绕学科建设、科学研究和科技创新的目标，构建出几个学科梯队和学术团队，更好地将高校人才培养、科学研究和服务社会的三大基本功能充分地发挥出来，特别是在国家科技创新体系中，充分发挥出知识创新和技术创新主力军的作用，这是高校教师队伍建设发展的新趋势。

第二节　高校教师队伍结构的优化

一、高校教师队伍结构优化的意义

大学师资力量的优化和培养，是大学师资力量建设的根本保证。陈至立国务委员曾经说过，大学是人才培养的主阵地，是人才聚集的战略高地，它肩负着文化传承、人才培养、科技创新、社会服务等重要的重任，肩负着"培养成千上万的专业人才和大批的尖端创新人才"的重任。与此同时，大学还具有非常丰厚的人力资本，大学教师是一个国家进行知识创新的主要动力，也是一个高层次人才队伍的主要构成部分，它是实现科教兴国战略和人才强国战略的一支强有力的生力军和动力源泉，在我国全面建设小康社会和加速社会主义现代化建设过程中发挥着基础性和战略性的作用。

人才培养是大学师资人才培养的重要内容。大学师资资源是一项综合性的工作，它涉及到师资资源的规划、发展、配置和使用等各个环节。其中，高校教师人力资源规划指的是以学校发展战略和学科建设目标为依据，在对高校发展环境的变化以及教师人力资源供需现状进行分析的基础上，制订出一套与之相适应的人才队伍规划，也就是教师队伍建设发展规划。大学的人力资源的分配，是以增加或减员、培养和提高为方式，使大学的师资队伍在年龄、学历、职务、学缘和专业等因素上达到一个合理的水平。大学师资的构成是大学师资的一项主要内容。大学师资资源的合理分配与合理布局，是实现大学可持续发展的根本途径。

二、优化教师队伍结构的目标

总体而言，教师队伍结构优化要实现的目的，就是要与国家社会发展、经济建设和科技发展的需求相匹配，与高等教育事业发展的需求相匹配，把培养高层次创造性人才和创新团队作为主要内容，注重对高校高层次人才的数量的增加和质量的提升，力争建设一支数量充足、结构合理、富有创新能力的师资队伍，从本质上提升我国高校在国际上的学术地位和竞争实力，更好地发挥国家基础研究和繁荣哲学社会科学的主力军、高新技术研究的重要方面军和科技成果转化的强大生力军的作用，为全面建设小康社会的实现提供强有力的智力支撑和人才保障。

各个大学的师资力量的优化，要与大学的发展战略和办学目标相一致，要根据大学的办学目标、办学规模、办学层次以及学科建设的要求，逐步地制定出教师力量的优化目标。在制定合理的职务结构、较高的学历结构、多元的学缘结构、均衡的年龄结构、协调的专业结构以及具有创新水平的学科（学术）梯队建设的目标上，对于不同的学校应该存在差异。

三、优化教师队伍结构的措施

师资力量的合理配置，是大学人才培养中的一项关键工作。主要内容有：教师发展规划的制定，教师培训策略的选择，教师资源的分配。

（一）做好规划，指导教师队伍建设工作

大学要有一种科学的发展观和人才观，要以人为中心，将人才问题放在大学的改革与发展的首要位置，对大学的发展战略与人才队伍的建设进行科学的安排，并对大学的师资力量进行指导。要对教师队伍的现状进行客观的分析，以国家下达的人才培养任务和学校的办学目标为依据，制定学科建设规划和教师队伍建设规划，并对教师的学历、职务、年龄、学缘、专业及学术梯队等结构进行相关的规定。

大学在制定师资力量的发展计划时，应该强化结构的观念，将个人素质与整体素质、潜结构与显性结构有机地联系起来，从而达到对大学师资力量的整体最优，并让它充分地起到整个体系的作用。

（二）建设富有创新能力的高层次人才队伍

1. 以学科建设为载体培养学术大师

曾任清华大学院长的梅贻琦说："一所大学，是由好的老师来决定的"。[①] 孟子曰："故邦之邦，不若有一树之邦，而若有一君之邦。"[②] 我如今亦可效法："不若有大厦，而有一位宗师。"[③] "宗师"是衡量一支师资力量水准的标准。一所高校在国内和国外能否有一定的影响力，很大程度上取决于其是否有高水平的学科。一个学科能否具备高水平，很大程度上取决于其能否有一流的师资，而一流师资的一个重要特

[①] 梅贻琦. 大学的意义 [M]. 武汉：长江文艺出版社，2019.
[②] 孟子. 孟子 [M]. 哈尔滨：北方文艺出版社，2019.
[③] 梅贻琦. 大学的意义 [M]. 武汉：长江文艺出版社，2019.

征就是要有一位学术名家,要有一位具有世界领先水平的学科领军人物。举例来说,1999年,美国的大学评价,加州理工大学超越哈佛和麻省理工大学,名列首位,其中一个重要因素,就是因为获得物理学诺贝尔奖的密立根,把实验物理学推上了国际前列;而钱学森的导师冯·卡门,则把学校的航天科技推上了国际前列。加州理工大学在这两个人的带领下,已经是享誉全球的高校了。

2. 大力建设创新平台,加强创新团队建设

创新团队的建设是教师队伍结构优化的一项关键工作,要对已有教师的优势、特点与不足进行全面的剖析,发挥其优势、特点与不足之处,对其进行扬其长,避其短,进行最优组合,其体现了学校教师的人力资源配置水平。另一方面,目前,科技上出现的重大突破,大都呈现出集体突破、学科间相互交叉的趋势,而新的科学发现、新的重要成果,已经日益难以依靠单个的力量取得。在当今的社会生产环境中,科技科研工作是一种必然的规律。科研工作的复杂性也对老师们提出了更高的需求,尤其是当老师们承担并完成了与国家重大研究项目有关的工作时,他们之间的相互配合就显得尤为重要。没有了这个强大的队伍,高校就无法承担起对我国社会、经济、科学技术具有重要意义的科研任务。

因此,各大学必须主动应对,并采取相应的对策,提高大学生的科研能力。要积极推动高校基层学术组织的改革,创新高校人才组织模式,将重点放在承担国家重点发展领域或国际科技前沿的研究任务上,以创新平台、重点研究基地作为基础,以优秀拔尖创新人才为核心,实现设岗、选人与做事的有机统一,重点支持建设一批高水平的创新团队和学术群体。

3. 重视中青年学术带头人和学术骨干的培养

加强对学科骨干人才的选择与培养,对提高师资水平具有十分重大的意义。一个学科的领袖是一个学科的旗手,一个学科没有领袖,它就是一个平庸而不完善的学科。然而,仅仅注重一个学科领军人物的个体效应,对师资的可持续发展,特别是对优势专业的可持续发展不利,必须加强对专业人才的培养。

要想加快建立一个学科梯队和学术团队,应该培育并造就一大批有创新能力、有发展潜能的中青年学术领军人物和学术骨干,从而构建出一个可持续发展的杰出人才梯队。大学应该按照人才的生长规律,将提升自己的学术水平和创新能力作为自己的工作方向,采用了建立学科梯队、吸纳团队、项目资助或鼓励学生进行自主探究等方法,来加强对年轻骨干教师的培养和发展。要加强对高校中青年骨干教师的选择,并加强其选择的针对性和实效性,选择一些有很好发展前景的学生,到海

外一些优秀的学校和实验室去深造，让这些学生可以在世界学术前沿的地方进行研究和工作。比如，在选择申报国家留学基金委的"西部地区人才培养特殊项目"人选时，就已经清楚指出，要推荐符合学校学科建设需要，45岁以下，具有博士学位的教师，并将其作为学校培养中青年学术骨干的措施。

（三）加强以青年教师为重点的培养工作，全面提高教师的素质水平

可以说，当前我国大学师资的一个主要特征就是师资的年轻化，青年教师已经占据了绝大多数，年龄在40岁以内的已经接近三分之二。无可否认，现在的年轻老师具有很高的文化水平和很好的适应能力，许多老师都有过国外学习经验。但是，要承担教育这一重任，光靠这一点是远远不够的。他们在艰难困苦中的奉献精神，在利益面前的奉献精神，以及在复杂情况中的分辨是非的能力，都要经受住检验。与此同时，许多年轻的老师从大学一毕业就进入了大学，大学自行选拔留用的比例也很大。他们具有许多显著的优点，例如对学校情况比较熟悉，进取心比较强，但缺乏社会经验，缺乏对国家国情的认识，缺乏实际工作的能力。

年轻教师的政治信念、价值观取向、工作态度等深层观念，以及他们的教学水平、学术水平和创造能力，都会对我们今后的高校发展方向产生直接的影响。加强对年轻教师的培训，既是国家有关部门、高等院校的一项重要任务，也是当前亟待解决的问题。

首先，通过各种方式对年轻教师进行教育培训，使其在思想、业务等方面得到全面提升。例如，推行一种导师制度，任命一名师德高尚、治学严谨、教学科研水平较高的老师，来负责对年轻老师进行指导，让他们能够在思想政治和教书育人等方面得到快速的发展和提升，让他们能够更好地发挥出中老年老师的传帮带作用。要有系统地组织年轻教师参与社会实践活动，让他们认识社会，培养自己的能力，培养自己的使命感，责任感，荣誉感。

其次，要从提高师资整体的思想道德和专业素养入手，制订出一套针对年轻骨干的专项培训方案，并通过各种方式，激励并扶持年轻骨干教师在工作岗位上提高学历，尽早参加科研工作，到国内外高水平的大学和重要研究基地进修，并定期进行学术交流，使他们的学术水平、创新能力和组织能力得到提高。根据教育部《高等学校"高层次创造性人才计划"实施方案》（2004），国家有关部门将承担"新世纪优秀人才"和"青年骨干教师"两个阶段的任务。为了促进高校的"青年骨干教师培养计划"的顺利开展，教育部将开展"高等学校青年骨干教师在职学位提升

项目""高等学校全国优秀博士论文作者资助项目""留学回国人员科研启动基金项目""高等学校青年骨干教师出国研修项目""高等学校青年骨干教师国内访问学者项目""高等学校青年骨干教师高级研究班"等,每年着重培养10,000多名青年骨干教师,目的是吸引、稳定并培养成千上万的有志于高等教育事业的青年骨干教师,从而提高教师队伍的总体质量。

(四)多元化补充教师,改善教师队伍学缘结构

倡导师资资源多样化,注重师资资源的合理配置,已成为许多国家高校师资发展的通例。借鉴欧美各国大学师资的构成机理,其基本特征为:非直接择优录用、向社会广泛招募、中间考核筛选。

诺贝尔奖得主杨振宁曾说过他的学术经历:"美国有一套很好的制度,那就是毕业后,并不是非要留下来当老师。对于那些成绩优异的研究生,我们一般也不会挽留。我们的博士生及博士后分布于全球各地。他们都有了自己的势力,也有了自己的弟子,这是一个很好的计划。"[①]

在德国,大学里的教师和科研人员通常都不会从学校里提拔,而是从学校外面聘请,而那些"中层人员",比如助教、助教等,都是有期限的,一个工作时间为六年,一个工作时间为五年。"中层人员"要当学校的老师,必须在学校之外工作过数年,然后再申请学校的老师职务,这样"中层人员"就不会有流动,也不会有晋升。

英国也采取了公开招募方式来选择教师。以英国剑桥大学为例,该校的学生必须在国外的高校或研究机构或工厂高校工作一段时间,方可再回原学校求职。卢瑟福,这位伟大的科学家,在他领导的剑桥大学的"凯文迪许"实验室里,向世界各地的学者开放他的研究。而对于自己培养的学生,他们也会送到其他机构工作,等他们有了一定的成绩后,再重新聘请回来。因此,凯文迪许实验室不但取得了丰硕的研究成果,还培养出了一批又一批的诺贝尔奖获得者,是全世界都羡慕的"天才培养基地"。

高校领导应充分意识到学缘结构之多样性对于学术革新之重要意义。可以通过以下几个方面来改进大学边缘的结构。

(1)向社会公布招聘信息,并出台相关的政策,在住房分配、配偶工作安排、子女入学、职称评定、科研资助、安家费等多个领域提供优惠,以招揽外来的精英。

---

① 杨振宁.杨振宁文集:传记·演讲·随笔[M].上海:华东师范大学出版社,2000.

既要引进，又要留住，要营造良好的工作氛围，调动他们的积极性、创新性、创造性，让他们为学校的教学、科研和社会服务奉献自己的力量。

（2）凡欲留在本地的研究生，应先取得其他学校的硕士生或博士生，方可回本地教书。对于本地已有结业经验的年轻老师，应该让其到全国著名的高校继续学习、在职学习、或公送国外学习，如果是在本地学习、在职学习，也应该指定其作为其他学校的毕业生或聘用的其他学校的兼职老师。

（五）整合人才资源，实行专兼职结合、开放的教师选用模式

在市场经济的经济基础上，对人才的社会化提出了更高的要求，这就导致了对人才的开放性和动态性的教师的管理。各级政府的教育部门要主动推动省内外、国内外校际的师资资源共享，构建起学校与学校、学校与社会的人才资源共享机制，主动发掘多余的人力资本，扩大高校的师资来源，提升师资资源的利用效率。

要积极地与高校和科研院所进行联合与合作，选择更多拥有丰富工作经历的专业技术人员作为兼职老师，对基础课、公共课和一些专业课的老师进行校际之间的相互聘用。

四、优化教师队伍结构要处理好几个关系

第一，将选择专业（学术）领袖和建立专业队伍有机地融合起来。在建设大学的师资队伍时，要处理好学科（学术）领军人物与学术团队之间的关系，在培养出学科（学术）领军人物的同时，也要充分利用学术团队的整体实力。在现代化教育和现代化大学的建设与发展过程中，我们既要有一个学科（学术）带头人，也要有一个整体的学术团队。没有科研队伍的支撑，科研队伍就无法形成科研队伍；没有一个学科（学术）领袖，没有一个专业领袖。因此，两者之间存在着密切的关系，其中最重要的一个问题就是，如何发挥学科（学术）领导的作用。身为一个学科（学术）领军人物，不仅要在学术上有一定的成就，还要有崇高的品德和人格魅力，他应该有一种号召力，能够把大部分人都凝聚起来，让这个学科（学术）领军人物，成为一个有能力的学术队伍。

第二，要把"有针对性"的培训和"全面"的培训有机地结合起来。要提高教师的质量，不仅要把精力放在培养学科领军人物和骨干教师上，还要根据教师的总体需求，培养并提升每位教师的质量，以点带面，全方位地提高教师的质量。

第三，实行全职与全职并重的师资队伍；在目前我国中小学教师聘任制度逐步

健全的情况下，实行"流动"与"优胜劣汰"相结合，实行"全职"与"兼职"并进，成为大势所趋。要根据教师队伍结构的优化，急需教师骨干的充实，补充必要的教师层级，有计划、有目标地聘用兼职教师，使其在教师队伍中的地位得到最大程度的发挥。

第四，既要关注师资的显性结构，又要关注潜在的隐性结构。师资的显性组织是明显的，便于组织和控制。但是，其潜在的组织形式却是不明显的，但是却是真实的，并且对整个学校的组织功能有着非常重要的影响。因此，对高校教师队伍进行优化，既要注意教师的年龄、学历、职务、学科、学缘等显结构的优化，也要注意教师的思想政治素质、职业道德、心理素质等隐结构的优化。

第六章 高校人力资源管理的创新探索

第一节 高校人力资源管理的创新途径

高校作为国家培养人才的一个主要基地,所以,作为其管理与发展的一个主要组成部分,其管理的成效将会对人才培养的质量产生很大的影响。随着社会的不断进步,社会对人才的要求也发生了巨大变化,这就要求大学的人力资源管理必须进行相应的改革,以满足社会对人才的多样化要求。而创新是高校人力资源管理的一种行之有效的方法,可以让人才结构得到更好的提升,从而提升资源配置的效果,还可以让高校人才队伍的结构得到加强。这一节以大学的人力资源为切入点,对其的基本特点以及在其经营过程中所面临的问题进行了剖析,并对大学人力资源经营进行了深入的探索,并据此对大学人才的经营进行了一些创新。

高校人力资源管理的创新首先要从观念开始,只有在思想上进行创新,才能促使高校工作人员认识到人才的重要性,才能从本质上实现人才的创新。首先,在制定人才培养策略的时候,要根据大学的具体发展情况来确定人才培养策略,并强调人才培养的独立性和专门性,在人才培养方面,要根据人才培养策略来组织、调配和控制人才培养。其次,在人事管理制度上要进行全面的改革,将领导职务的实际权力逐渐分散到各个学院,加强学院的管理层级,并让 HR 拥有一个与之对应的次级管理阶层,以更好的配合来提升各级管理阶层的管理水准。最后,创新型的现代化人力资源管理应当是开放的、灵活的,高校要在观念上实现自由度的自由度,创造出一个现代化的管理环境,激发各院系的积极性和主动性,加强各方面的协作,从而为高校建立一个高效、高质量的创新人力资源管理体系。

一、高校人力资源的主要特征

（一）整体流动性强

一般而言，大学的教师实力比较强，教师的数量也比较多，在知识经济时代，大学的人才队伍在市场经济中的竞争力很强。从个体层面上看，随着自身价值的提高，大学教师有了更多的职业选择，而更倾向于选择具有更高的社会认可度的工作。

（二）有着鲜明的独立性

从大学的人才结构来看，大学的师资队伍结构以其整体质量和相对独立的特点，在实践中也比较注意其所处的环境的自由。在各自的追寻下，她们在事业发展上更加注重对自己工作的指导与合理化，在时间计划上的紧张感十分显著。

（三）管理过程和结果无法协同评价

在大学里，人才培养与科学研究都是最重要的工作，但是，由于很难用具体的指标来衡量人才培养的成效与科研的水准，所以在实践中，这两项工作所展现出来的价值并没有一个清晰的判断方式。而且，培训是一个持续进行的过程，很难对其进行严密的监督和管理。

二、高校人力资源管理存在的缺陷

（一）缺乏科学的评价及考核体系

绩效考核是一项专业、技术含量很高的工作，也是一项很有挑战性的工作。但目前我国在这一领域的开发实践中，仍有许多缺陷。首先，目前我国大学的业绩评价指标很简单，没有经过细化，对指标的评价指标的内容也比较笼统，不够明确。其次，评价导向单一，过于依靠量化评价，导致教师对评价内容的数字评价认识不足。此外，在绩效评估的过程中，各有关方面之间的交流也很少，只有在所有人都参加的情况下，才能体现出绩效评估的真正意义，无论采用什么样的评估标准和方法，一个部门都很难将绩效评估这项工作进行得很好。最后，对绩效考核的结果评价非常重要，可以促进这一方案的持续完善，也可以作为教职工提高能力的参考依据。然而，一些高校对绩效考核评价结构束之高阁，决策仍以主观的判断为主。

（二）对人力资源管理缺乏创新性认识

随着现代经济体制的深化，新型的人力资源管理模式也在不断涌现，并逐渐渗入到大学之中，许多大学都已经注意到了这一变革，并为其制订了相应的创新发展策略。但是，传统的人力资源管理的观念和方式很难在短时间内得到转变，而且它的影响很大。由于受到这样一种传统的管理思路的制约，一些大学在对人力资源管理的理解上缺少了一些创新，很难对现代的人力资源管理理念进行全面、专业、深入地理解，因此对大学在人才配置、人才建设等方面的工作产生了很大的影响。由于在思想上没有创新的认识，整个的人力资源管理不能被完善和优化，其管理的水平与现代的人力资源管理理念不相适应。

（三）人力资源信息化管理程度弱

在当今的时代，信息技术被广泛地运用到各行各业之中，从而极大地提升了高校的经营效率，运用信息技术是一种重要的方式，但是，在大学的人力资源管理中，建设信息化的基础还不牢固。一方面，通过持续地发展，传统的人事部门已经逐步演化成为了高校的人力资源管理部门。所以，原来的人力资源管理人员在信息化方面并没有什么技术储备，也缺乏丰富的经验。另外，当前的信息化技术更新的很快，大学的学习和培训的速度很难跟上，在人力资源管理中，有关工作人员不能在很短的时间内对创新技术进行有效地运用和掌握。另外，在人才管理的信息化方面，学校对人才工作的关注不够，经费投入不够，导致人才工作效率低下。对于信息化建设，只是暂时的使用，缺少长远的计划，因此，在人员信息处理和信息共享等方面，并没有起到应有的作用。

三、高校人力资源管理创新的重要意义

在现代高校中，由于市场的变化，对人才的要求发生了变化，因此，高校的人力资源管理必须要进行持续的创新，才能提升其人力资源管理的品质，同时还要与新时代下的人才市场的需要相适应。从几个方面来讲，第一，大学的教育是以教育为根本，教育的成效取决于教育自身对教育的重视。但是，通过对人力资源进行创新，可以为大学建立起一套更加合理的管理体系。首先，从总体上提高大学的人力资源的总体质量，提高大学的师资力量。同时，通过对人才的创造性的人才培养，促进人才质量的提升。其次，利用现代科技手段，进行人事改革，可以使高校的经营方式得到改进，增加高校的柔性，从而使高校的经营效能得到提高。由于人力资源管理牵扯到各个方面，所以它是一项比较繁琐的工作，而传统的工作方式大多都是依靠手工来完成，这不仅需要大量的人力、物力，而且需要大量的时间、精力，而且还会造成大量的资源浪费，而且还会有许多的缺陷和失误，但是随着不断地改革，大学的人力资源管理逐渐朝着信息化的方向发展，不仅可以从这些繁琐的工作中解放出来，而且还可以使各项人事信息更加准确、全面。

四、高校人力资源管理的创新途径

（一）观念转变，将创新多角度渗入

大学的人事管理包罗万象，要想在复杂的工作中进行创新，就必须建立完善的人事管理体制，只有这样，才能使人才的管理在不断的创新中得到提升。首先要改变大学招聘人才的方法，引进多元化招聘的思想；目前，随着知识经济的持续发展，各大高校在人才上的竞争也越来越激烈，所以，高校要在人力资源管理创新中，持续地引进并培养高层次、复合型人才，把他们当成高校人力资源管理能力提升的核心。在对人才的录用过程中，按照工作性质对其进行了层级的区分，拥有创新理念、拥有雄厚专业能力的高层次人员应该在人力资源管理中肩负起对其进行开发和管理的重任，从而促进其实现现代化的管理标准。因此，要提高教职工的素质，就必须采取多种聘用方式，并推动其朝着分级管理的方向发展。

（二）创设健全的人力资源管理机制

高校人力资源管理以提升其效益与效率为目标，根据学校的任务与人才发展的规律，运用了科学的方法与原则，计划与组织学校各级教职工，并对某些人事关系进行协调与引导。人事管理的功能包含了教职工的聘用、调配、薪金奖惩、培训福利等，因此其涵盖的范围很广。在一个现代化的社会中，高校肩负着培养人才、创新知识和为社会服务的重要职责，而其对人才培养的成效也将对国家培养出高素质人才产生重要的影响，所以，高校要通过创新的方法来将其价值体现出来，用更高的整体素质来培养出更多的人才。

在大学教师职务的管理上，应建立教师职务录用制度，并辅以契约的形式加强对教师职务的管理，使教师职务的分配达到最优。要改变传统管理模式中的身份管理方式所带来的弊端，要对高校人力资源建设中论资排辈的管理方式进行突破，给优秀且有能力的人才提供一个充足的平台，以保证在创新的过程中，高校人力资源管理可以朝着标准化和专业化的方向发展。

高校的人力资源管理是以全体人员为对象的,要想以创新来提升整体人员的综合素质,就必须在绩效考评中构建一个战略导向机制,促使教职工积极地进行自身改进与发展。此外,为了加强其在人力资源管理中的作用,争取各方人士的拥护,必须把其今后的职业发展与其进行有效的整合,使其在大学中得以实施,从而达到其职业发展的目的。并为此引入适合高校发展的人才激励和竞争机制,在创新中坚持公平、公正的原则,在和谐、开放的环境中充分发挥竞争机制和激励机制的作用,为高校人才队伍的建设提供有力的支持。

(三)加强人力资源管理信息化基础建设

在我国高等教育中,信息技术的应用与发展既是我国高等教育改革的必然要求,又是我国高等教育改革与发展的必然选择。首先,从对IT技术的训练开始,教职工要加强IT技术的学习,及时地更新自己的IT技术,提高自己的专业技能,并熟悉目前比较实用的HR技术。与此同时,在目前的工作环境下,持续地引入拥有专业技能和先进知识技术的创新人才,对工作人员的工作内容进行优化,从而为构建人力资源信息化管理打下了坚实的基础。应指出,高校人力资源管理要实现信息化创新,必须以当前所用的信息技术体系和人力资源部门工作人员的综合素质为基础,进行技术更新,确保创新与现实要求相符,与高校人力资源管理相适应。其次,要充分利用信息技术对大学的人才进行有效的管理,就必须制定一个长远的创新策略,从整体上来考虑,保证信息技术的发展方向,而不是单纯的、盲目的。在此过程中,学校的人事主管必须明确自己的位置,才能保证学校的信息技术革新决策的精确性。此外,要加强人力资源信息化建设的成效,提升每一个数据信息的使用价值,要制定出一套标准的、统一的信息技术应用程序,将不同平台的资源进行集成,加强各部门间信息的交流和协作。最终,要得到学校有关领导和各个部门的高度关注和大力支持,推动高校的人力资源面向信息管理的创新建设。

(四)建立科学创新的绩效考核机制

围绕创新发展的高校人力资源管理要坚持以人为本的理念,将考核机制朝着定量化的方向发展,同时要对考核的标准进行细化,将专业、素质、水平等多个维度融合起来,多角度、灵活性地考察教职工。首先,业绩评估应突破单一维度的考虑,不应只注重业绩与成果,而应结合工作环境与工作成效等多种要素,以现实为依据。其次,对业绩考评的评估指标进行了改进,对评估指标进行了详细的分析,确保了具体的工作岗位与评估目标之间的对应关系。绩效评估是一种强大的激励功能,要想将其有效地利用起来，除了要明确的激励因子外，还要针对其制定出一种更加有效的激励方式，将各项绩效评估的成果与教师的工资、福利、职业晋升紧密地结合起来。总之，就是要对人才进行全面的考核，对人事制度进行变革，要持续开发、稳扎稳打、激励创新。

在大学的发展过程中，人才建设起着举足轻重的作用，而人才的集聚水平则是大学实力的最大反映，因此，加强大学的人力资源的管理，是大学培养出优秀的人才的关键。当前，随着人才发展趋向于多样化，加强大学的人力资源管理就必须要进行创新，这样才能让大学的人力资源管理与时代发展相适应，提高大学的管理水平，增强大学的竞争能力。

五、"以人为本"理念下的高校人力资源管理创新途径

"以人为本"的思想，在大学人事管理中得到了越来越多的重视。在高校人事管理中，有些高校已经根据自己的具体情况，对自己的工作方式进行了尝试与创新。

（一）创新管理理念，从"以事为本"转变为"以人为本"

"以事为本"是我国高等学校的一项工作，它是一项行政工作。在人才培养中，首先，要根据教师的个人特征，构建一种与教师、学生等不同层次不同类型教师的人才队伍，实现"以人为本"的人才队伍建设。高校人事制度建设的着眼点是高校人事制度建设的着眼点，着力于解决涉及到高校人事制度建设中存在的一些突出问题。例如，要遵守学校的教学规则，要对老师进行科学研究。要对其工作专长及精神特点给予足够的重视，最大限度地发挥其创造性及潜力；其次，要健全校内各个功能和后勤保障体系，改变校外行政、服务性机构的工作方式，构建以教师为中心的现代化教学管理体系。

（二）创新管理机制，合理配置人力资源

在"以人为本"的思想指导下，大学要根据当前的市场情况，对人才进行最优的分配，才能更好地进行人才的管理。第一，要对高校师资进行优化与改进，使高水平的师资拥有更为合理与科学的职称与年龄配比；与此同时，要对师生之间的比率进行持续的调节和优化，让全日制教师的团队能够互相配合，并对学生的人数进行有机的协调，从而持续提高大学的教育质量和教育效益，实现对人力资源的科学、理性的使用。第二，以管理人员、教学人员和物流人员为主体，对教师队伍进行了进一步的优化。高等学校应该对其进行持续的优化与调整，在配置上给予教师与研

究人员更多的关注，提高教师与研究人员的比重，保证学校工作的有效运行。第三，构建健全的绩效评价体系，对教师的工作表现进行综合评价，对做出突出贡献、工作认真负责的教师，从物质和精神两方面对其进行表彰，让他们能够在工作中继续努力，从而提升自身的工作素质和工作效率。要构建健全的评价体系，在制定评价体系时，要合理分配教育和研究的权衡关系；建立健全的奖励与惩罚机制，以工作效率与工作品质为依据，对教职工与物流进行综合评价，充分体现激励的效果。最终，在行政管理团队中，在坚持"以人为本"的原则下，全面实施精英选拔制度，要削减部分不必要的工作人员，并大力培育大量优秀的高级管理人才。

（三）制定人才资源开发和管理的长远规划，完善人才引进机制

大学人才培养要坚持"以人为中心"的思想，对人才培养目标进行科学的定位。将人才培养、引进、管理三个环节有机结合，制订了人才管理的战略长期计划。随着新经济、新知识的来临，对人才的要求也在不断提高。高等院校要树立先进性，把专业知识与专业知识有机地联系起来，统筹规划、吸纳和培养人才，使人才培养成为一个良好的循环，从而推动全校教师整体素质的提升。并从长期来看，加强对中青年师资的培训，使其在本专业领域的优势得以持续传承。

首先，要保证高素质的人才，学校要提高对人才的准入标准；在选择教师时，要充分考虑教师的教学、研究水平。并根据专业和岗位的特定特征，给候选人制定不同的标准和要求，对于非常杰出的人才，可以适当的放宽相应的指标。从而进一步充实了高等职业技术人员的后备力量。其次，在选聘过程中要坚持公平性、公正性，防止出现"任人唯亲"现象。最后，要实现师资教育资源的实现，在确保有充足的专业教师的情况下，还应该加大与其他院校的合作与交流。积极聘用其他院校的有才华的老师来担任本校的工作，从而使我们的师资队伍能够持续地充实起来，从而推动我们的师资队伍整体上的高水平。

（四）充分重视人力资源的开发与培训

大学是人才的摇篮，人才的培育是人才的重要来源，人才的培育是不可忽视的。当今，伴随着社会经济的飞速发展，新的知识、新的技术不断涌现。因此，学校必须充分认识到教育对人才的教育功能，以适应社会发展的需要。首先，要建立健全的训练计划，并要有规律地进行训练，让各个职位的教师都能得到相应的训练和教育。其次，对受训者进行适当的选拔。我们可以通过选聘教学工作中的教学、科研、教学等方面的专业人才，也可以通过选聘学校外部的专业人才，对各方面的人才进

行培养。在培养过程中，要注重培养中青年教师。同时，运用研讨的方法，对高水平的人才进行培养，让他们能够具备更多的创造力；此外，还应重视对管理和后勤人员的服务和工作技能的培养，使其更好地发挥训练的功能，从而为学校的各项工作的顺利进行奠定基础。

大学的人事管理要坚持"以人为本"的理念，创造良好的人事关系，良好的科研条件，良好的学风，宽松的政策，注重人才，尊重知识；坚持"以人为本"的经营理念，注重对优秀人才的有效使用与使用；构建有效的激励体系，最大限度地激发职工的工作热情。强化教师的训练与管理，提高训练效果；通过规范、科学的人事管理手段，构建"以人为中心"的人才队伍，推动人才队伍建设。

第二节　双高计划与高校人力资源管理

2019年4月，教育部和财政部联合发布《关于实施中国特色高水平高职学校和专业建设计划的意见》（简称"双高计划"），引发职业教育界的广泛关注，并成为当前高职教育改革发展的热点话题。遴选出的56所"高水平高职学校"和141个"高水平专业群"，跻身于国家重点建设行列的第一方阵，成为了响当当的"排头兵"与"领头雁"。推进"双高计划"，就是在习近平新时代中国特色社会主义思想指导下，坚持"职教自信"，坚持以就业为导向，围绕区域经济发展与产业结构转型升级，努力将高职教育做大、做强、做出特色，形成一定的国际影响力。

一、战略人力资源管理的基本内涵

战略人力资源管理理论，最早由美国人提出，精髓在于体现人本主义思想，是相对于传统事务性人力资源管理的一种新的人力资源管理形态。综合众多专家学者的观点，其基本内涵主要体现在：战略人力资源管理将人与组织系统地紧密联系，强调通过人力资源具体政策、规划及践行，获取能在组织内部活动间水平型匹配、与高校战略垂直型匹配的人力资源配置。它将人力资源视为获取竞争优势的首要的、关键的资源，强调所有的人力资源活动都是为了实现组织战略目标。战略性人力资源管理的核心职能和灵魂要素主要体现在人力资源的"配置+开发+评价+激励"四方面。在"双高计划"背景下，人才是组织发展的第一资源，是高职院校引领改革、支撑发展、中国特色与世界水平的高水平建设的核心要素。离开了高素质、高质量和高水平的高职人才队伍，"双高计划"就难以落地开花。

二、"双高计划"对高职院校人才队伍建设的时代价值

"双高计划"是新时代职业教育提质增优、创新发展的崭新阶段,是促进高职人才队伍建设实现高水平的重要战略保障,为人才队伍建设赢来前所未有的发展机会。

(一)"双高计划"是促进高职服务区域经济发展的重大战略,人才队伍是引领转型发展的"第一资源"。国际经济学家罗默(Paul Romer)、卢卡斯(Robert Lucas)等人提出的"新增长理论",指出知识与技术是影响经济增长的主要因素,通过教育培训所获得的特殊化、专业化人力资本是经济增长的内生变量。它们不仅可使自身获得收益,而且能促进其他要素的提升,从而保证经济的持续性增长。国家启动"双高计划"时对"高水平高职学校"的首要导向是"当地离不开",高职办学要紧密契合区域行业及产业发展需求,不仅承担着基本的向区域及行业输送人才的培养职能,而且要能向行业高校提供研发创新、市场营销、管理咨询、职业培训等多样化、专业化的服务,着力发挥技术服务中心的效能。可见,人才队伍是引领转型发展的"第一资源",区域社会经济发展与人才资源质量处于共生共长的关系,通过"人才高地"建设有力推动地方"产业高地"建设,实现"产才融合大发展"。

(二)"双高计划"是促进高职培养技术技能人才的强大动力,人才队伍是塑造工匠精神的"第一保障"。1960 年,首次提出人力资本理论,详细论述发达国家投资人力资本的收益远远高于其他任何要素资本,促进经济增长的主要原因是拥有富足的人力资本,因为人力资本的魅力可消除物质资本带来的边际收益递减的影响。舒尔茨还表明,人力资本的核心是优化人口的质量,教育投资是人力资本投资至关重要的形式。"高水平高职学校"的核心参数是"行业认同",打造具有"工匠精神"的技术技能人才培养高地是人才队伍的重要目标和使命所在。学生作为工业生产的预备军,精益求精精神与精湛一技之长是成为大国工匠的基础条件。

(三)"双高计划"是促进高职教育能走向国际化的巨大推手,人才队伍是主导创新能力的"第一先锋"。依据资源基础理论,人力资本能成为高校富有价值的战略性资源和组织保持竞争优势的持续性源泉,根源是其具备的组织性、价值性、稀缺性、不可替代性及难以模仿性等典型特征。20 世纪 90 年代,简·奈特(Jane Knight)(2011)将高等教育国际化定义为:从院校和国家层面,在高等教育功能、供给和目的中融入国际元素、跨文化或全球化维度的过程,它为知识经济全球化提供知识并输送高品质的人力资源。2014 年,教育部颁布的《现代职业教育体系建设

规划（2014—2020）》中，明确提出服务国家对外开放战略，加快培养适应中国高校走出去的技术技能人才，培育一批具有国际竞争力的高职院校。"高水平高职学校"的终极目标是"国际可交流"，旨在培养具有国际思维、通晓国际事务、追逐国际竞争的复合型卓越人才。具有战略价值、拥有核心知识或主导创新能力的人才队伍是高职走向国际化的关键性资源。

（四）"双高计划"是促进高职提升内部治理水平的庞大支撑，人才队伍是激发创造活力的"第一动能"。20世纪60年代，美籍奥地利生物学家路德维希·冯·贝塔朗菲（Ludwig Von Bertalanffy）创立了现代系统论，通过实践系统论在高校管理中的运用，将整体与部分的相对范畴逐步深化和衍生为系统与要素之间的成对关系。依据现代系统论的观点，建设"双高计划"作为一个整体，遵循科学的管理理念与职教规律是基础，除了通过制定校院两级章程以实现依法治校之外，还取决于内部治理结构、信息技术水平、沟通协调机制等多元要素重组优化的程度。"高水平高职学校"的必然追求是"从管理到治理的转型"，从传统的自上而下的单一管理转变到扁平化的多元共治，实现政府、行业、高校、学校等外部要素与教师、学生、家长等内部要素的同频共振、和谐发展。内部治理改革实际上就是提升行政管理工作的正规化、标准化、流程化，关键在于厘清权力边界、畅通实施渠道。人才队伍的素质和创造能力与学校的内部治理水平息息相关。

三、"双高计划"背景下高职院校人才队伍的现实困境

对标"双高计划"办学目标，目前多数高职院校人才队伍建设中存在的短板和差距是突出的，对支撑高职院校和高职专业跻身于高水平行列是不利的。

（一）思想理念"领航标"存在偏差

（1）传统的人才管理模式不适应新形势。沿袭过去计划经济时代的人事管理制度，对于人才的管理强调"管人"，常用现成的政策法规管理人、约束人，人力资源的行政配置性和垄断性尚根深蒂固，从而压制了人才的积极性和创造性。

（2）衡量人才的标准不能与时俱进。衡量人才通常以高学历、高职称为主，能站好讲台的人才是优秀人才，具有较高学术理论造诣的人才是高层次人才，而契合产业需求的技能型高级人才却寥寥无几。人才观的偏差和不均衡性，导致高职教育供给与产业发展实际严重脱节。

（3）特色办学理念相对滞后。"人无我有、人有我优、人优我特"的办学理

念对于形成高职人才队伍的核心竞争力具有强烈的牵引作用，目前尚未能将办学的区域特色、专业特色及学情特色进行深入地融合。

（二）教师队伍"主力军"亟待优化

（1）技术研发能力低下。大部分教师停留在"教师的主责是教书育人"，不能开展对行业重点环节、关键领域及难点疑点的技术研发，不能提供行业动态发展的技术支撑及创新动能，不能帮助高职院校在行业产业中树立标杆地位。

（2）专业实践技能欠缺。教师获取的职业证书同专业技能的匹配度不高，下高校锻炼存在"责任不强走形式"等现象，专业教师实践动手能力、技术应用能力和"理实一体化"教学能力滞后，专业胜任力的不足导致产业链、人才链、创新链不能融会贯通。

（3）国际化专业能力弱。目前大量高校积极开拓海外市场，教师国际视野不开阔，以国际专业标准进行理论教学与实践的水平还不够，与国际教师存在巨大的差异。教师国际化专业能力的发展无法支撑产业升级对高水平复合型技术技能人才的需要。

（三）管理队伍"指挥棒"动力不足

（1）岗位与专业匹配度不高。管理人员专业背景复杂，多为"半路出家"，教育工作背景与任职岗位之间关联小。高水平高职院校现提倡项目化与精细化管理，管理人员的专业知识、业务能力与岗位的匹配度不相适宜。

（2）"库存"专业技能过时。管理人员大多没系统学习过行政管理知识，再加进修、培训、交流的机会甚少，信息化管理理念、现代化管理能力严重缺失，面临着职业能力不足、专业化水平较低的窘境。

（3）职业倦怠感递增。随着"双高计划"任务的开展，管理人员的工作压力倍增，工作强度明显提高。对管理人员的评估考核指标简单化、人为因素偏重，失去了考核激励的本质作用。传统的金字塔式的科层治理结构导致现行岗位设置改革与聘任制自始至终未触动过"大锅饭"，削弱了管理人员的士气与干劲。

（四）体制机制"导向标"不够灵活

（1）培养培训体系不完善。由于校企双方利益诉求不同，现有的"双师型"教师培训体系仍然以知名本科院校或国家示范性高职院校为主体，缺乏行业高校的参与，培训内容理论教学与高校实践相脱钩。

（2）评价激励机制不健全。教师队伍结构上的二元化、来源的多样性以及专业技术素养的差异性，需要建立分层分类的评价和激励办法。

（3）懒政效应导致人才流失。高职院校在高层次人才引进上不惜本钱和代价，一流师资如博士、教授却陆续出现流失现象，人才离职形成的"马太效应"成为影响高质量发展的极大困扰。人才流失的背后，往往是学校的懒政对人才引进后如何充分发挥作用和潜能缺乏科学规划、灵活管理，教学、科研、用人部门等尚未形成凝聚合力，缺乏综合配套差异化措施，不能量体裁衣，不能人尽其才。

四、"双高计划"背景下高职院校人才队伍建设的原则及路径

教师是人才队伍的主体，管理人员是政策、规划、信息的决策者、执行者、协调者和服务者，两支队伍须齐头并进、双线发展，方能在新一轮的高职竞争中占得先机、赢得主动。

（一）基本原则

1. 战略性与导向性。高职院校的人才是属于拥有某些关键专业知识或某种特殊技术能力的群体，发展组织战略目标的实现离不开人才的知识、技能所提供的资源保障。将人才队伍建设作为高职院校发展战略的一部分，通过优化队伍结构与质量，助推"中国特色高水平高等职业学校"战略目标的实现。

2. 系统性与契合性。人才队伍建设的顶层设计规划图与实现路径施工图，必须互相关联、彼此影响、相互作用，构成一种战略系统。同时人才队伍的建设路径要与高水平高职院校的组织发展战略形成纵向间相互契合，建设人才队伍的各个组成环节或要素须达成相互间的横向有机结合。

（二）建设路径

1. 以更高定位推进头脑变革，思想观点要往"新"里转，让理念先行成为"强引擎"。

（1）树立"人才资源是第一资源"理念。人才是一种能动的、具备较强生命力的资源，是一种能产出、具有高增值性的资源，是一种通过合理的开发、有效的利用、科学的配置、适当的激励可发挥最大效能的资源，更是一种重要程度超过技术、资金、环境等资源、对高职高水平发展起着巨大推动作用的根本性资源。

（2）重塑战略人力资源管理理念。要以"人"为核心的战略管理颠覆"以事为中心"的传统人事管理，去除"官本位"思想，强调对教师的呵护和帮助，关心

和倾听教师的诉求，强化"管理即服务"意识。注重从心理上协调个人和组织的行为，以成员和组织的有效沟通和配合达成同步融合发展，以取得组织的最佳经济和社会效益。

（3）秉持产教融合特色发展理念。"中国特色高水平高职院校"应该有自己的特色、模式及文化自信，一流意识应当由服务产业发展向引领产业发展转变，将更多具有资深行业发展背景、丰富高校工作经验的能工巧匠吸纳到高职人才队伍中来，与产业、行业、高校深度合作，践行人才共建共享的使用理念。

2. 以更高层次优化教师队伍，聚焦能力要往"精"里转，让双师双语成为"主旋律"。

（1）形成专兼教学搭档。职业教育存在属性的跨界性，提升师资队伍双师水平最直接方案是形成教学互补性，将具备厚实专业知识、擅长站好三尺讲台等双重素质的专任教师与具备岗位生产能力、深谙岗位技能实践要点的兼职教师跨界融合，实现学生毕业即就业、实习即上岗。

（2）打造"引智引人"创新平台。高层次技术人才是知识与科技创新的核心力量，以"不求所有，但求所用"的思路引领高职学术队伍的合理组合和优化配置，通过行业领域的"领头羊"、企事业单位的领军人物或技术专家，引进新项目、新工艺和解决难题的新技术，加速建立以市场为导向、高校为主体、产学研相结合的技术创新体系，更好地引领产业转型升级。

（3）组建校企双带头人教学团队。组建以专业带头人为引领、以青年骨干教师为支撑、以双师型教师为主体的教学团队，团队实行校企"双专业带头人"制度，围绕社会、经济、高校等需求，以项目为载体，为高水平专业群建设提供有力的师资保障。

（4）培养双语型国际化队伍。放眼世界，重视抓好既精通专业、又具备语言优势的高水平国际化人才队伍，通过项目合作、共同研发、访问学者、双语培训等形式开阔教师的国际化视野，提升双语教学水平，促进教育教学对接国际标准。

3. 以更高标准打造管理队伍，提振干事要往"强"里转，让专业职业成为"硬堡垒"。

（1）优化高职内部治理体系。全面贯彻落实党委领导下的校长负责制，充分下放权力，激活二级院系的办学活力和创造力。建立师生、家长、社会参与学校民主治理的机制和渠道，提升社会认可度。吸纳融合知识、技术、资本、管理等外元素，探索混合所有制等办学模式，谋划打造特色学院，提升办学实力雄踞一流前列。

（2）架构职业胜任能力体系。顶层设计和科学规划基于管理胜任力的职业化专业体系，将解放思想、提升眼界、加深内功作为先导，通过"走出去、请进来"的方式，组织高职教育理论学习和岗位专业知识的学习，营造能者上、平者让、庸者下的良好氛围，使管理人员从"熟手"渐次提升为"专家""能手"。

（3）全面推行职员制度。"双高计划"背景下，随着管理事务的拓展和职能分工的细化，管理岗位属于关键的、重要的岗位，应该和专技人才一样适当予以倾斜。目前副厅级单位职员仅有4—10级的职级空间，可打破现有人事制度壁垒，大胆突破原有7级空间，将岗位职级数设定为"五层十三级"职级空间，建立与专业技术职务评定相似的多阶梯、多层级的管理岗位体系。通过解决当下管理者薪酬待遇偏低、晋升通道狭小的问题，提升职业认同感与工作热情度。

4. 以更高水平改革激励系统，体制机制要往"活"里转，让突破创新成为"金招牌"。

（1）优化双师胜任能力评价体系。以"双师"能力为核心，明晰师匠身份，除通常的教学工作量、教学水平、科研能力等外，增加合作高校的培训实绩、行业高校的服务贡献、高校考评反馈等方面的评价指标，激励"双师型"教师从师德、专业、创新等方面提高职业能力和专业水平。

（2）建设校企团队驱动机制。团队建设是最隐性的文化保障，专兼职教师的互动合作需打造便捷的沟通平台，使混编团队合作常态化，让各类人才的成长发展具有归属感和成就感。建立良好的校企互动合作机制，包括工作协调机制、资源共享机制和联合评价机制等，制定有利于团队建设和发展的管理、运行、考核、分配等激励政策。

（3）构建国际化绩效考评办法。探索体现中国特色、符合国际要求、切实可行的国际化职业教育师资专业标准，明确各级教师应达到国际化的指标要求，将教师的国际化水平纳入到职级晋升、职称评审的基本条件中。针对教师出国（境）学习研修、开设双语课程、赴境外开展教学和科研等，制定教师参与国际化工作的绩效考评办法。

（4）加大分配制度改革力度。将教职工的工资收入与工作业绩、实际贡献以及知识、技术、成果转化中产生的社会效益和经济效益直接挂钩，向在专业领域拥有"高精尖"成就的优秀人才倾斜，尊重认可创新人才对高水平发展不可或缺的中流砥柱贡献。同时探索试点实施年薪制、协议工资制、项目任务报酬制等差异化、个性化的薪酬体系，实现一流人才、一流业绩、一流报酬。

"双高计划"赋予了秉轴持钧的角色担当与丰富多彩的时代内涵,中国的高水平是要面向未来、面向世界,能够引领中国职教走向世界中心、赶超国际潮流的高水平。"双高计划"的题中之义是优化人才队伍的高水平,只有让人才成才有环境、干事有舞台、发展有动力,才能为中国实施"双高计划"战略提供坚实的人才保障。

第三节　知识经济与高校人力资源管理

随着互联网技术的普及和全球经济一体化进程的加快,人类社会的发展趋势逐渐发生了变化。要想在这个世界上立足,必须要有持续的知识储备。高校的人力资源管理对当今的大学生的教育有着重要的作用,因此,唯有制定出一套科学、行之有效的人力资源管理战略,才可以推动大学生的知识和技术水平的提高,从而提高我们国家的总体质量,以满足知识经济社会发展的需要。

一、知识经济与高校人力资源管理

(一)知识经济的简要阐述

与之相对的是一个与农业经济和工业经济相关联的概念,前者基于的是知识等无形资产,而后者则基于的是物质等有形资产,并且对能量、原料和劳动力有着强烈的依赖性。早在1996年,经合与发展组织就比较清楚地定义了"知识经济",它是指一种以知识、信息的生产、分布和利用为基础而形成的经济。

(二)知识经济对高校的人力资源提出新要求

首先,在教师队伍配置方面,要进一步提升,以满足知识型、创新型的人才需求;其次,要重视对大学生的创造性思考能力、多视角思考能力的训练,以提升他们的创造性能力,让他们更好、更快速地适应于社会生活。要实现这一目标,就必须要通过加强人才培养、师生的合作来实现。

在大学里,大部分的老师任命都比较重视自己的学历,重视自己的执教经验,重视自己的海外学习经历,但是很少有学校会去注意老师的创造性。而且,在聘用老师之后,他们会采用一种封闭式的管理方式,不会对老师开展岗位训练,也不会重视在教学过程中对学生的创造性挖掘的训练。更关键的是,大部分的学校都采取了"终生聘用制",没有一套长久而又行之有效的人才培训计划,老师们的竞争能力不强,这也导致了老师们在讲课的时候,往往会出现大量的死记硬背的情况。最后,学校的人事管理缺陷又会体现在学生的学习成效上，导致了他们的学习积极性下降。

近几年，大学扩招已是一种常态，大学往往会选择增加一些比较受欢迎的学科，增加一些原来的学科，以获取一些经济利益。在一个方面，上大学比以前更简单了；另外，由于不符合高校自身实际的招生条件，常常会造成师资资源的严重短缺。如果不能对师资进行适当的配置，必然会对学员的专业发展产生一定的影响。

目前，我国大学尚未建立起一套科学、行之有效的人才队伍，从而造成了大学的师资队伍在年龄结构、学历结构和职称结构上与其所从事的工作不相适应。许多普通的老师被分配到高水平的研究教学中来，不但使老师觉得非常费劲，而且也无法对学生起到很好的引导效果。目前，我国大学教育中存在着大量的人才，造成了大学教育中的浪费。

高校教师职称评价同样属于人力资源管理中的一项重要内容，但多数情况下，其主要依据的仅仅是教龄的年限和学历的多少，来对教师的教学水平与教学能力进行评估。这种教学评价制度无法对老师进行客观公平的评估，老师对学生创新思维和创造力的培养并未纳入到教育的评估体系中，所以老师们在进行教育的时候，大部分老师都是一成不变的，一直沿用着原来的教育理念和方法。而且，在进行职称评估的过程中，缺少了一种竞争意识，因此，在很大程度上，年轻的老师都要无条件地将职称评估的机会交给那些具有一定教龄的老师，这就导致了许多老师没有一种急迫的感觉，也没有一种危机感。

二、高校如何科学有效地进行人力资源管理

（一）建立科学的人力资源管理制度

在知识经济条件下，大学要对人才进行科学、高效的人才管理，必须对人才的各个方面作出规定。首先，要完善大学教师录用制度，不要只看学历，而要注重对被录用人员的思维与创造力的考察，并把他们的表现当作对新人的评价。其次，对已有工作经验的老师，要加大培养力度，提高他们的知识面，使他们掌握更多的教育方式；最后，要给教师一种危机感和紧迫感，在职称的评估中，不在只看教龄和学历，而是要对其教学成效进行一个客观的评估，让它作为职称评估的一个重要依据。对工作时间较长的老师，可以进行解聘。

（二）以人为本，以学生为本

高等学校要明确自身的地位，不要盲目扩大招生规模，把高等学校搞成"生产

线",为我国的发展提供有价值的现代化、高质量的人才。因此,在此之前,大学必须要阻止大规模的扩招生,对大学的老师资源展开全面的考核和评价,把教育资源和学生结合起来,让大学的人力管理系统更好的起到它的效果,让每个学生都可以获得更好的教育,使教育资源可以被合理的分配。

(三)吸收外国高校先进人力管理经验

国外高校在开展人力资源管理的时候,会先对其进行长期的计划,将人才培养、教师培训、教师学生管理三者有机地联系在一起,并以大学的发展定位为依据,对其发展方向作出战略安排,从一个长期的视角来配置其所需要的人力资源。并在此基础上,对学校的师资队伍进行了年龄结构、学历结构和职称结构的统计,以达到优化的目的,使学校的师资队伍得到充分的发展。为此,我们可以对其进行研究,以便更好地利用人才的作用。

在当今世界,知识对人类的生存和发展起到了巨大的推动作用。高校向社会提供了高素质的人才,而它在管理方面的好坏,都将直接体现在人才的质量上,要使大学生能够更好地与社会发展相协调,就需要全面地修补高校在人力管理方面存在的缺陷,持续地构建和完善高校的人力资源管理制度,从而充分地发挥出人力管理的功能,使高校的各种资源能够被更好地分配。

第四节 高质量发展与高校教师数字胜任力提升

一、高质量发展背景下高职教师数字胜任力模型的构建

框架设计是对数字素养内涵与要素的高度抽象和解耦。当前,数字素养教育问题已成为国内外教育研究领域的热点。把握教师数字素养内涵框架的研究脉络是建构高质量发展背景下高职教师数字胜任力模型的基础,设计与构建高职教师数字胜任力模型的内涵框架要兼具国际视野与本土情怀。

(一)国际教师数字素养的普适性框架

在全球范围内,教育技术的发展和数字化转型已成为教育领域的一大趋势。各国纷纷制定相关政策,推动教育信息化进程,并重视教师的数字素养培养。不同的国际组织和学者根据各自的研究和实践经验,提出了多种教师数字素养框架。这些框架虽然在细节和侧重点上存在差异,但都致力于为教师在数字化环境中的教学和

专业发展提供指导。笔者将着重分析国际上通用的教师数字素养框架，探讨其核心元素和应用，进而为构建适合高职教师的数字胜任力模型奠定基础。

欧盟一直重视数字化胜任力在教育领域的作用，2013年推出了《欧洲数字化胜任力框架》（Dig Comp），2015年发布的《欧洲教育组织数字能力框架（Dig Comp Org）》包含15个能力，分为五个维度：1.顶层承诺和支持。2.持续的资源投入。3.教育工作者的数字能力。4.教育过程中数字技术的整合。5.数字技术在评估和认证中的应用。此框架旨在帮助教育组织有效地利用数字技术，以提高教学质量和学习效果。2017年发布的《欧洲教师数字教育能力框架（Dig Comp Edu）》，它将教育工作者的数字能力分为六个维度：1.教育工作者的专业发展。2.数字资源的创建和使用。3.教学与评估。4.授权学生。5.促进学生的数字素养。6.优化数字技术，提供了具体的能力描述，并按照初级、中级和高级三个水平进行分类。该框架鼓励教育工作者进行个性化学习，并探索教学策略的创新。

美国（2017年）发布的《国际社会和技术教育学会教师标准（ISTE Standards for Educators）》对ISTE教师标准提出了七个领域，包括：1.学习者和学习。2.设计和开发。3.创新和创造。4.教育技术的有效使用。5.数据分析和评估。6.社会与职业参与；7.数字公民。唐·克内泽克（Don Knezek）和海伦·帕吉特（Helen Padgett，2012）研究发现ISTE标准对美国教师数字化胜任力的提升具有积极作用。此外，ISTE还发布了《教师技术整合矩阵》（TIM），帮助教师了解如何将技术整合到课堂教学中。该框架具有详细的目标和示例，为教师提供了明确的发展路径。

日本教育文化体育部（2007年）发布的《日本教师信息素养标准（Japan Teacher ICT Standards）》较早关注于信息通信技术（ICT）在教育中的应用，包括了三个主要领域：1.利用ICT进行教学和学习活动。2.利用ICT进行教育评估和管理。3.通过ICT支持自身的职业发展。日本教育部还制定了《信息通信技术教育推进计划》，在此基础上，日本研究者进一步提出了针对教师的ICT能力指标，以促进教师数字化胜任力的提高。该框架鼓励教师提高信息和通信技术的应用能力，以创新的方式促进学生的学习。

澳大利亚教育学会（2011年）发布的《澳大利亚教师专业标准（Australian Professional Standards for Teachers）》，它包含7个标准，每个标准分为几个焦点区域，并在四个能力级别上进行描述：研究者、精通、高度完成和专家，该框架专注于教师的数字技能提升。

韩国教育放送公社（EBS）和韩国教育部（2008年）发布的《韩国国家教育

技术标准（NETS-S and NETS-T）》，包含两个部分：NETS-S 针对学生的数字素养标准，而 NETS-T 针对教师的数字素养标准。NETS-T 聚焦于教师在数字化环境中的教学设计、开发、利用、管理和评估等能力。该框架强调教师应通过运用技术来增强学生的学习经验，并鼓励教师进行持续的自我发展。

英国教育标准与测试局（2012 年）发布的《英国教师技术能力标准（UK Teachers' Standards）》，包括以下几个方面：①通过高质量的教学，促进学生的进步；②通过 ICT 提高教学和学习的质量；③使用数字技术进行教育评估和反馈；④在线安全和合规性。该框架强调教师应在教学和评估中灵活运用技术，同时注意在线行为的道德和法律责任。

中国教育部（2022 年）发布的《教师数字素养》行业标准，包括 5 个一级维度、13 个二级维度和 33 个三级维度。一级维度包括：数字化意识、数字技术知识与技能、数字化应用、数字社会责任，以及专业发展。每个一级维度由若干二级维度组成，每个二级维度由若干三级维度组成。该标准聚焦提升教师利用数字技术优化、创新和变革教育教学活动的意识、能力和责任。

（二）高质量发展背景下高职教师数字胜任力框架模型

经过深入剖析不同国家和地区的教师数字胜任力框架，可以看到教师数字技能在全球范围内的重要性以及各地在这方面采取的不同策略。这为我们在高职教育环境中构建数字胜任力框架提供了宝贵的见解。高质量发展强调教育的内在质量和效益，而这正是数字技术可以发挥重要作用的领域。为了满足高职教育的特定需求并推动其高质量发展，我们需要构建一个综合、针对性且创新的数字胜任力框架模型。对此，笔者基于高质量发展背景，着重于高职教师在数字化时代的关键能力，构建了一个针对高职教师的数字胜任力框架模型。该模型包含数字基本素养、数字应用素养和数字发展素养三个维度，提供对高职教师数字能力的全面描述。从基础技能到高级应用和发展，模型专门针对高职教育环境进行设计，充分考虑了高职教师在教学和职业发展中所面临的具体挑战和需求。

1. 数字基本素养

数字基本素养描述了教师应用数字技术与资源正常开展教育教学活动所需的基础性素养类型，其包含数字化意识和数字技能两个维度。

（1）数字化意识。数字化意识包括三个层面：一是数字化认识。数字化认识是指教师对数字化技术的理解和认识程度。在高质量发展背景下，数字化技术已经渗透到各个领域，对教育教学产生了深刻的影响。高职教师作为应用型和技能型人才的培养者，需要对数字化技术有较为全面、深入的了解。这包括了解数字化技术的基本概念、原理、发展趋势以及在教育教学中的应用场景等方面。具备良好的数字化认识，有助于高职教师更好地应对教育教学环境的变化，提高教学质量。二是数字化意愿。数字化意愿是指教师在面对数字化技术时，主动积极地去尝试、接受和运用的意愿。在高质量发展背景下，数字化技术的快速发展为教育教学带来了诸多新的可能性。高职教师需要具备较强的数字化意愿，主动学习和掌握相关技术，积极将其应用到教育教学实践中。这样才能更好地满足学生的多样化需求，提高教育教学效果。具备较强的数字化意愿，有助于高职教师保持教育教学的活力，适应数字化时代的发展需求。三是数字化意志。数字化意志是指教师在面对数字化技术的挑战时，具有克服困难、坚持不懈的精神。在高质量发展背景下，数字化技术不断迭代更新，教育教学环境日新月异。高职教师在适应这些变化的过程中，可能会遇到各种困难和挑战。具备坚定的数字化意志，有助于教师在面对困难时保持信心，勇于探索和实践，从而更好地满足行业、职业和育人等多方面的要求。

（2）数字技能。数字技能是指教师对各种数字化技术和工具的理论和原理的掌握。具备丰富的数字技术知识，有助于高职教师提高教学质量、拓宽教学手段和培养学生的数字素养。数字技能包括四个层面：一是计算机基础知识。这部分涉及计算机硬件、软件、操作系统、网络原理等基本概念。了解计算机的基本组成和功能，能够解决日常教学中遇到的计算机操作问题。二是信息技术知识。包括互联网、大数据、云计算、人工智能等新兴技术。教师需要关注这些技术在教育教学领域的应用，了解如何利用这些技术改进教学方法和提高学生学习效果。三是教育技术知识。这部分涉及多媒体教学、在线教育、虚拟实验室、智能教学等教育技术的应用。教师需要熟悉这些技术在教育领域的实际应用，了解如何运用这些技术提高教学质量和学生参与度。四是行业相关技术知识。根据所教授课程和专业领域，教师需要了解与数字化技术相关的行业知识。这有助于教师关注行业发展趋势，使教学内容更具针对性和实用性。

2. 数字应用素养

数字化应用素养是教师应用数字技术资源开展教育教学活动的能力，主要包括数字化教学设计、数字化教学实施、数字化教学评价和数字化协同育人等四个维度。

（1）数字化教学设计。高职教育注重实践教学和技能培训，因此，在数字化教学设计中，教师应充分考虑行业需求和岗位技能标准，将实践操作、案例分析、模拟演练等教学方法与数字化技术相结合，以提高学生的实践能力和应用水平。同时，注重课程与职业认证、职业技能等方面的对接，确保课程设置符合行业标准。

（2）数字化教学实施。在教学实施阶段，高职教师应运用数字化手段，如在线课程、虚拟实验室、模拟软件等，为学生提供真实的职业场景和实践操作机会，帮助学生更好地理解和掌握技能。此外，教师还可以通过与高校合作，将实际工作任务和问题带入课堂，引导学生进行项目式学习和协作解决问题，提高学生的实际问题解决能力。

（3）数字化教学评价。在职业教育中，评价体系应强调技能掌握和实际应用能力。因此，高职教师在数字化教学评价中，除了运用在线测试、作业批改等传统评价手段外，还应结合职业技能标准，设计基于实际任务和操作的评价项目。通过数字化平台，如在线作品展示、电子档案等，记录学生的实践成果和成长过程，为学生提供全面、客观的评价反馈。

（4）数字化协同育人。在高质量发展背景下不仅要求教师与同行、学生及其他教育工作者进行协作与交流，还需要加强产教融合，紧密结合产业发展需求，共同培养具备实践能力和创新精神的高素质技能型人才。产教融合在数字化协同育人中的表现主要包括五个层面：第一，利用数字化技术与高校、行业组织建立紧密联系，获取第一手的行业动态和技术需求，为教学内容和实践环节提供实时更新的信息支持。第二，与高校共建基于数字化技术的实训基地和教学资源库，提高学生实践操作能力和对产业发展的敏锐度。第三，通过数字化平台，邀请高校专家和实践导师参与教学过程，分享实际工作经验和行业趋势，帮助学生更好地理解行业背景和职业发展路径。第四，运用数字化手段，开展校企合作项目，鼓励学生参与实际项目开发和创新创业活动，培养学生的团队协作能力和解决实际问题的能力。第五，借助数字化技术，加强与高校的人才培养方案设计和课程体系建设的对接，确保教育教学与产业发展需求紧密结合，提升人才培养质量。

3. 数字发展素养

数字发展素养是教师利用数字技术资源促进自身及共同体专业发展的能力，主要包括数字化学习与研修、数字化教学研究与创新两个维度。

（1）数字化学习与研修。结合高质量发展背景和高职教师特点，数字化学习与研修的重点在于实际操作能力、专业技能和教育教学理念的培养。高职教师可通过网络平台、在线课程等途径，获取行业动态、学习新的教育技术和教学方法，以提升自身数字化教学能力。同时，教师还应积极参加各类与职业教育相关的研讨会、培训班等活动，与同行交流经验，吸收他人优点，不断提升自身的教育教学水平。

（2）数字化教学研究与创新。在高质量发展背景下，高职教师在数字化教学研究与创新方面，应关注实际需求与教育教学目标的衔接。教师应主动探索数字化教学手段与职业教育特点相结合的创新模式，以提高教育教学效果。这包括运用虚拟现实、人工智能等先进技术改进教学方法，为学生提供更加生动、贴近实际的学习体验。同时，高职教师还应注重对数字化教学实践的总结与反思，以期不断优化教学策略。

二、高质量发展背景下高职教师数字胜任力提升路径

教师是高职院校实现高质量发展的首要资源和中坚力量，教师数字胜任力的提升需从信息化培训、数字化实践及专业化发展等视角着手，方可实现高职院校"数字—教师"的相生相长。

（一）以"全链条"为重点，打造教师的信息化培训体系

1. 分层次设计课程

课程设计是师资培训体系的核心，对于提升教师的信息化教学能力具有直接影响。在现有的培训体系中，建议设计分层次的课程，包括初级、中级和高级三个层次。初级课程面向的是对信息化教学基本无了解的教师，重点介绍基础的信息化技术和工具，帮助他们建立基本的信息素养。中级课程适合有一定信息素养，希望进一步提升信息化教学能力的教师。课程内容包括如何有效运用信息化技术进行教学设计、教学管理、评价等，帮助他们在实践中运用信息化教学。高级课程则更加关注信息化教学的创新和研究，如利用大数据分析优化教学、运用人工智能进行个性化教学等，为教师提供前沿的信息化教学理论和技术。

2. 多模式实施培训

在培训方式上，采用线上线下结合的培训方式。线上学习方式具有时间和空间的灵活性，使得教师可以根据自己的节奏进行学习，而且可以让更多的教师接受到培训。同时，线上学习方式适合于技术演示、视频教学等，可以有效提升教师的学习效果。线下应设立丰富的动手实践活动：一方面通过项目制作、课堂教学模拟等活动，让教师有机会将所学知识应用到实际操作中，提升技能掌握程度。同时，这也为教师提供了在实践中遇到问题、解决问题的机会，培养他们独立解决问题的能

力。另一方面应提倡教师在日常教学中创新应用信息化技术，积累实践经验。如开设信息化教学案例征集活动，鼓励教师积极参与，通过分享和交流，提升整体教育信息化水平。

3. 常态化推进学习。设计职前职后教师生命全周期数字胜任力的全链条培养方案，可通过引进数字画像技术，为教师的路径体系、精准培训等提供量化的数据支撑和监控反馈；也可通过建立教师的学习社群将教师培训常态化、日常化。在这个社群中，教师既能分享自己的教学实践，讨论遇到的问题，也能学习到别人的经验和策略。同时，定期邀请专家在社群中进行讲座，分享前沿的教育信息化理论和实践。此外，还可以通过搭建教师的个人学习空间，收集和推荐适合于教师个人发展的资源，帮助他们进行个性化学习。

（二）以"深融合"为关键，强化教师的数字化实践能力

1. 校企合作强教学

加强校企合作是深化实践教学与数字化结合的重要措施，有助于提升高职教师的数字化胜任力。学校需要积极主动与高校建立紧密的联系机制，并与行业领先高校展开战略合作，共同开展职业教育教学、实训基地建设和项目合作等。第一，学校应积极邀请高校专家参与课程设计和教学。高校专家具有丰富的实践经验和行业知识，在数字化技术应用方面拥有独到的见解。学校可以邀请高校专家参与课程的设计和教学过程，与教师共同研发课程和项目，确保教学内容与高校需求紧密契合。高校专家的参与可以使教学更加贴近实际需求，提升教师的数字化胜任力。第二，学校应建立专门的校企合作部门或机构，负责协调与高校的合作事宜。为避免人才培养与产业发展"两张皮"现象，该部门或机构可以担任中介的角色，通过整合分享资源，协调学校与高校之间的合作关系，促进产教融合的深入发展。他们可以建立紧密的联系机制，定期组织会议、座谈会等形式，促进教师与高校的互动交流，共同探讨教学和实践的最佳模式。

2. 搭建平台促能力

整合政府主管部门、重点高校、行业机构等资源，搭建平台促进教师的数字胜任力。第一，建设数字化实践平台。这个平台可以给教师提供实践教学和数字化应用的场所和设备。包括虚拟实验室、模拟工作场景、数字化创新实验室等，模拟真实的职业环境，让教师能够在数字化环境中进行实践。教师可以通过实践项目、模拟任务等方式，应用数字化技术解决实际问题。第二，建立资源共享平台。这个平

台可以集成和共享各类数字化教学资源，如教学视频、在线课程、虚拟实训模拟等。教师可以通过平台获取丰富的教学资源，辅助他们进行数字化教学和实践教学。同时，教师也可以将自己的教学资源分享到平台上，与其他教师进行资源共享和交流，促进教学的互动和创新。

（三）以"微认证"为依托，提升教师的专业化发展水平

1. 构建贴合教师需求的"微认证"体系

"微认证"的实施，首先需要构建一个适应高职教师需求、包含各种关键数字技能的微认证体系。在构建这一体系时，关键在于识别和反映出高职教师在数字化教学过程中所需的各类技能。诸如数字化教学设计的理念、在各类在线教学平台上的灵活运用、如何进行有效的数字化教学评价，这些都应是微认证体系的重要组成部分。数字化教学设计的微认证，例如包括如何利用数字化工具来创建引人入胜的教学内容，如何设计符合在线教学特点的课程结构，如何运用数字化工具来进行教学活动的策略规划等。在线教学平台的微认证可能会涉及到如何选择和利用适合的在线教学平台，如何在平台上创建和管理在线课程，如何在这些平台上进行有效的学生互动等。而数字化教学评价的微认证则可包括如何设计和实施在线学习的评价，如何运用数据分析工具来评估教学效果，如何根据评价结果来调整教学等。

2. 建立学校和社会的双重支持系统

对于"微认证"在教师专业发展中的应用，确保学校和社会的广泛认可和支持是至关重要的。在学校层面，学校管理部门可积极将"微认证"纳入教师的绩效考核和职称评定中。比如，教师的绩效评估中，可以将获得的"微认证"数量和质量作为考核的重要因素，以此来鼓励教师主动学习和获取"微认证"。在职称评定中，"微认证"也可以作为评定教师专业技能的重要参考。通过这样的方式，学校可以积极推广"微认证"的应用，鼓励教师不断提升自身的数字化教学能力。同时，在社会层面，也需要积极提升"微认证"的社会认可度。可以通过各种方式宣传"微认证"的价值和意义，如通过新闻媒体、教育论坛、专业研讨会等方式，宣传"微认证"对于提升教师专业能力、提高教学质量的重要作用，使更多的人了解和认可"微认证"。同时，也可以与各种教育机构、专业组织合作，共同推广和认可"微认证"，让其在教育行业中得到更广泛的应用和认可。此外，还应鼓励和引导教师在获取"微认证"后，将其在自己的教学实践中进行应用，不断探索和分享其在实际教学中的应用经验和效果。通过这样的方式，既能进一步提升"微认证"的社会认可度，更

可以使"微认证"真正转化为高职教师的数字化胜任能力。

第五节　高校人力资源管理文化建设

高等院校是国家为国家提供经济和社会发展需要的人才的主要储备地和重要阵营，其人力资源管理的状况将直接关系到其人才培养的质量。在"人才辈出"的时代背景下，以"人才库"为中心的大学，其管理文化的构建越来越受到人们的关注。因此，这一节对目前学术界关于高校人力资源管理文化建设的研究状况和发展趋势进行了归纳，并对在我国高校中的人力资源管理文化建设的概念展开了详细的论述，并给出了三种途径进行了探析，希望能够为高校的人才梯队的稳定性、人力资源管理的建设作出一些有价值的探讨，同时也能为我国高等教育的发展带来新的发展思路。

一、高校人力资源管理文化建设概述

（一）高校人力资源管理文化的内涵

作为一种管理文化，它既有一般的特点，又有自己的特点。需要指出的是，这一部分中所涉及到的大学人力资源管理的文化含义，倾向于具有特殊的文化构造与特质，并从宏观与微观两个方面来探讨其特征与构建策略。

（二）高校人力资源管理文化的结构

大学人才培养的内涵不再局限于人才培养，更多地涉及到文化等方面。大致可以分为三个部分：

1. 实体层面

其中，"物质化"是指以"观念""作风""领导"为主要内容的"人本"。比如说，老师自己比较喜爱的绿色盆栽能够对老师的办公室环境产生明显的影响，让老师置身于绿色、自然的物质环境中，这样老师就更容易接受良好文化的熏陶。

2. 机构层面

在此基础上，制定了一系列的规章制度，规范了教职工的行为，使学校能够更好地反映出教职工的需求。比如，在对老师进行年终考评时，学校一般都会设立相应的制度，对老师的专业行为进行循序渐进的规范。同时，实行绩效考评，能更好地调动广大教师的工作热情，对提高学校的教育教学水平起到了积极的推动作用。

3. 灵性层面

在人力资源管理文化的构建中，精神层是一个非常重要的环节，它是一种可以对大学中的人力资源管理文化进行有效的度量，一般情况下，它可以体现在教师队伍的精神风貌、教师工作和发展目标、教师职业道德等几个层面上。

（三）高校人力资源管理文化的特征

1. 兼施性

人力资源管理文化对大学教师的制约效应，既要从管理制度中得到反映，又要从社会主义核心价值观中得到教育和指导。通过对高校的制度和文化的软性制约，使高校文化不断得到改善。

2. 持续性

就大学而言，其人才管理工作具有一种可持续的特点。在此过程中，高校的发展并没有受到各种问题的冲击而停滞不前，而是随着周边的变化而不断丰富。单纯的要求闭合只会使高校的思想更为固化，这对高校的人才培养都是不利的。

二、高校人力资源管理文化建设路径探析

第一，要改善教职工的工作氛围，使教职工的工作热情得到充分调动。办公室的环境是一个有形的层次，它必然会对教职工的精神状态和工作能力等有很大的影响。比如，在办公空间中，可以一直降低硬性的线条数目，使之具有一种柔和的美感。另外，以绘画为背景，营造出一种气氛，使教职工感到亲切，温暖，和谐。当然，还可以在某些位置放置工作人员喜欢的绿色植被，这样不但让工作环境变得更加自然、和谐，还可以让空间变得更加立体，让人的情绪变得更加愉快，工作效率也在不知不觉中提升。

第二，要有良好的制约和改善过程的标准。如每天通报有关教师的工作状况，将每月例会变为每周例会，承诺限期回复与解决问题，推行"微笑服务"的经营模式，从而提高教师的服务水准与品质。有助于构建我国高校的人力资源管理文化，还可以在某种意义上推进我国有关行业的标准化发展，在社会、科技、文化等多个领域中，也可以逐渐地加速其迅速发展的进程。

第三，在群众中培养并落实到实际工作和日常生活中的社会主义核心价值观念。通过实施"微笑服务"和"亲情服务"，加强对人才队伍的培养和对人才队伍的培养，增强人才队伍的培养。此外，工作人员还要注重对细节的理解，逐渐细化管理的内

容和标准，在具体工作中将各项工作进行高效执行。

大学要想获得持续的发展，增强其核心竞争力，就必须把大学人才的管理文化推向新的高度。

第六节　高校人力资源管理信息化建设

2023年2月13日至14日，世界数字教育大会在北京召开。会议以"数字变革与教育未来"为主题，重点探讨教育数字化转型、数字学习资源开发与应用、师生数字素养提升、教育数字化治理，以及基础教育、职业教育、高等教育等领域的数字化发展评估。会上还发布了《中国智慧教育蓝皮书（2022）》与2022年中国智慧教育发展指数报告。中国教育部部长怀进鹏在会上表示，我国将深化实施教育数字化战略行动，一体推进资源数字化、管理智能化、成长个性化、学习社会化，让优质资源可复制、可传播、可分享，让大规模个性化教育成为可能，以教育数字化带动学习型社会、学习型大国建设迈出新步伐。怀进鹏表示，数字化转型是世界范围内教育转型的重要载体和方向。经过多年持续努力，我国教育信息化实现跨越式发展，校园网络接入率达到100%，拥有多媒体教室的中小学校占比达99.5%，大规模应用取得了重大突破，为中国教育发展注入强大动力。当前，新一轮科技革命和产业转型加速推进。在创新发展和技术进步驱动下，数字化转型正在重塑社会、劳动力市场和未来工作形式。互联互通不断增强，各种设备和数字软件广泛应用，对数字技能的需求愈加旺盛。在此进程中，高校人力资源管理的信息化建设的重要性日益凸显。

一、高校进行人力资源管理信息化建设的重要意义

信息技术在大学中的应用，对大学的人才工作产生了很大的影响。在现代社会，网络信息技术与人们的学习、生活、工作密不可分，它也是高校管理人员实施人才管理的重要手段。把网络技术运用到大学的人力资源管理中，可以突破时空的限制，把大学的教职工与领导紧紧地连在了一起，从而提升了大学的人力资源管理的效能，减少了大学的人力资源管理的成本与费用。因此，加强人力资源管理信息化是高校人力资源管理工作的一个重要方面，也是高校人力资源管理工作的一个重要方面。探讨大学人事管理的信息化：第一，减轻HR人员的负担，提升HR人员的工作效能；他们利用网络信息技术，在数据采集、数据确认和数据更新方面，可以节约时间，

确保数据的真实性,从而降低工作人员的工作负担。第二,为高校管理者提供了科学的、有效的、便捷的管理手段;在实现了人力资源管理的信息化以后,学校的管理者就可以随时查看教师的动态信息,了解教师的人本资源配置,了解教师的绩效。此外,教师和教职工还可以利用该系统查询到学校的规章制度,通知,工资等信息。第三,能够使管理者对资料进行迅速的处理和统计,确保 HR 共同群的公正性和开放性。特别是在与个人有关的专业技术职务评审中,需要人事管理人员依据的资料是准确、可信的。

二、高校人力资源管理信息化建设研究的现状

当前,大多数大学都在积极探索人才培养的信息化问题。然而,相对于国外的大学来说,我们对人才的信息技术的研究还处于起步阶段。第一,我国大学人才培养与管理的理论与实践相对滞后,人才培养与管理的理论与实践相结合。大部分的高校管理人员仍然把工作重心集中到了人事管理上,不重视对人力资源数据信息的参考运用,存在着严重的信息误导问题,同时也存在着信息整合性差,很难将人力资源数据进行有效地使用。因此,在对目前大学人力资源管理的研究中,仍然存在着许多具有挑战性的问题。第二,缺少对 HR 的有效支撑。而目前,我国的大学管理层并没有足够的关注人力资源管理信息化建设的相关工作,而且,无论是自主的开发还是采购,都要耗费巨大的经费,因此,管理者们手头拮据,很难给他们带来足够的经费。第三,目前我国大学 HIS 系统中出现的一些问题,如产品不规范,厂商资质不过关,等等。

三、高校加强人力资源管理信息化建设研究的有效策略

(一)做好高校人力资源信息化建设管理的准备工作

在开展人力资源管理信息化建设的研究工作之前,高校必须要做好前期的工作,对其进行全面的评估,主要包括以下几个步骤。第一,大学要根据自己的实际情况,制定出适合自己的人才发展的信息系统。人力资源管理信息化建设规划应该满足适用性、渐进性、配套性、可实施性的原则,绝不能与现实相分离,得寸进尺,妄想一步到位。如果计划离开了现实,则只是纸上谈兵,没有任何意义。采用这种方法,不但会提高大学的人力资源管理的费用,而且会延迟实施,从而影响到大学的人力资源管理工作的进度。因此,我国大学的人力资源管理工作是一个循序渐进的进程,

并根据实践情况进行了相应的调整与改变。所以，大学不能急于一时，而要根据大学的具体条件，循序渐进地进行。第二，要重视人才的后备和培育。职业技术人员的后备和培训，既要立足于技术需求，又要立足于管理需求。大学的人力资源管理工作是一个漫长而又繁重的系统工程，必须要有专门的管理人员来进行和发展。为此，必须加大对大学生后备人才的培训力度。在对这类人才进行综合素质教育时，不仅要重视 HRM（Human Resource Manager）体系的运用、HRM 装备的运用技能，更要重视 HRM 的实践与理论。并在此基础上，加强对学生创新能力、对环境的适应能力和自学能力的培养。唯有如此，方能在今后的 HR 建设与管理工作中，及时地适应新的岗位要求，提高自身素质。

（二）构建全面的人力资源数据库系统

大学要建立一套适合自己的人才队伍建设的资料库和管理体系。利用该系统，可以对高校内部的人事资料进行采集、处理、存储、更新和应用。本研究所搜集到的资料，可分为三大类别：人员资料、教学资料、学术成果资料；这个构造的步骤被分成了三个步骤。第一个步骤是选定一个资料库体系结构。目前，国内大多数大学采用的是 C/S 体系结构、B/S 体系结构和 C/S 与 B/S 混合体系结构。B/S 架构具有更高的普适性，适用于各种不同的浏览器；与 B/S 体系相比，C/S 体系并不具备很高的普适性，它要求一个专门的软件服务器才能完成数据系统的功能，而且它的地理位置对 HR 体系的要求很高，但是在此体系下，HR 体系的 HR 体系的运行界面却是个性鲜明，响应速度很快。C/S 和 B/S 的混合体系架构将两者的优势相融合，采用这种体系架构，不仅可以增强人机接口的可用性，而且可以简化程序，而且可以方便用户进行远程登陆。第二个步骤是决定 HR 的运营需要。通过对 HR 系统的运营分析，明确 HR 系统的主要职能，并基于各职能进行系统的数据库设计。第三个步骤是扩大情报搜集的途径。例如，从教职工档案、各类文件、教职工自我反映信息资料中展开收集，在收集完成之后，将数据信息整理入库。根据构建数据库的步骤，可以确定高校人力资源数据库系统设计的内容，具体包含了个人基本信息、职务履历信息、学历信息、职称信息、技能等级信息、奖惩信息、人才信息、证书信息、培训信息、护照信息、家庭信息和其他信息等 13 个界面。大学建立的数据库应该具有如下特点：第一，数据信息共享，跨数据库查询，数据统计等。即，可以利用 HR 数据库对教职工的资料进行查询，并对资料进行维护，并可以对资料的变更进行统计。第二，能够与诸如 Word，Excel 这样的办公室表单及文件处理软件进行衔接。第三，具有可扩展性，即所构建的数据库可以随时添加和更新数据信息，以最大限度地解决数据信息滞后和数据库信息不足的问题。第四，要有异库转化的能力，建立的数据库应该是 C/S 和 B/S 的混合架构，利用这种架构来实现信息系统中不同模块间的数据交换。

（三）构建校园网、加强数据规范管理

当前，大多数大学已经建立起了稳定、安全、便捷的校园网络。学校网络可以实现各部门之间对数据信息的传送，以及对数据信息的分享与交换，所以，学校在强化网络建设的同时，也要强化对数据信息的规范管理。首先，要强化基本信息的管理，确保工作经历、考勤、薪酬等信息的真实性。其次，要强化基础业务资料的信息化建设；在此基础上，对人事资料库进行了优化，主要是对人事资料库的逻辑结构和查询语句进行了优化。在数据库的逻辑结构上，为了进一步提升数据库的运行效率，必须在系统中合理地分配数据和记录文件。除此之外，大学还应该对各类存储表展开标准化的管理，把两个相关的表放置在不同的物理存储设备上，或是利用 SQL 分区技术对大表进行划分和管理，这样的数据分开的方式可以对数据库的性能进行优化。特别是在大学人事数据库中，由于数据信息的不断增加和访问量的相对增加，使得数据路径的操作变得非常困难。采用"使用分区"方法，对较大的表格进行了合理的划分，在表格或索引较大的情况下，采用数据自动划分的方法，加快了 DBMS 的处理速度，从而达到了节省数据库内存和数据检索的目的。从 SQL 查询语句优化方面来看，可以对算法结构的简单化进行优化，即在进行查询语句的设置时，要尽量设计一个简单的算法结构，并尽可能地对结果集航数进行控制。此外，在对字段进行表示的时候，能不用 WHERE 的查询语句就尽量不用，这样就可以防止数据搜索引擎利用索引对数据库中的全部数据进行查询扫描。

在大学的人事管理工作中，进行人事管理的信息化，建立一个方便快捷的人事管理体系，可以有效地提高大学的人事管理水平，从而推进大学的人事管理工作，推进大学的发展。这一部分主要是通过对大学人事管理信息体系的分析，得出大学人事管理信息体系的一些结论，从而为大学人事管理信息体系的建立提供依据。

第七章　高校用人制度改革探索

第一节　高校职员制改革面临的困难与问题

根据其职责任务、服务对象以及资源分配方式等因素，可以将大学分为了两种类型，一种是我国承担高等教育的公益二类服务机构，其一部分收入是通过市场来进行资源配置。在我国市场经济的基本法则和要求下，高校是一个与政府机构和高校相区分的事业单位，它应当具有一个与其发展相适应的标准化管理体系。大学职员制的提出，就是一种以体制创新为导向，遵循了国家确定的事业单位人事制度改革的大方向，并与教育体系的具体状况和特征相联系的一种全新的人力资源管理理念。

一、高校职员制的优点

高校职员制，是一种与政府机构的工作人员体制相分离的新型工作方式，它与政府、高校和其他事业单位的管理人员制度有着明显的区别，它具有新颖的概念，明确的目标，是一种正在步入事业单位改革深入推进的阶段的工作人员管理方式。

大学职员制是从原来的国家管理制度中分离出来的一种制度，它包含着许多方面，如职级设置，岗位设置，岗位聘任，考核培训，工资待遇等。为大学管理者开辟一条自主、平稳的事业发展之路，并结合其自身特点，加强对大学管理者的规范性治理，实现大学管理者的"去行政化"。基于聘任制和岗位管理制度，建立晋升渠道，突破无领导职务人员的职业提升瓶颈，指出个人明确的发展前景，促进并提升高校管理队伍的专业化水平。

二、对高校职员制改革发展的几点想法

1.我国许多大学虽然实行了学员制，但学员制仍处在摸索和变革的过程中，尚未形成一个完善的、成熟的、行之有效的学员制模型。每个人都有自己的特色，在

不断地借鉴模仿的过程中，不断地探索创新，但也要考虑到制度变革所产生的诸多问题和效应。

因此，现行的学员制还有待完善。这是一种无法扭转的发展态势，也是一种清晰的目标，这一切都为我国高等学校职工队伍建设，使职工队伍建设更加规范，更加高效，确保职工队伍建设的顺利进行。

2. 在目前的大学人事制度下，所设立的职务等级是与现有的行政等级一一对应的，并没有一个独立的、升迁的制度。所以，有可能发生这样的情形：一个教职工，他一直在某个岗位上，而且干得很好，但他不具有当领导的资格和能力，或者他不想自己当领导，但他不被提拔，他由于没有对应的党政职位，在一般的教职工晋升中处于竞争劣势，或由于没有对应的党政职位，而被晋升级别所制约，这样的后果必然会影响他的工作积极性。

因此，教职工的提升应当与岗位的提升彻底脱离，分别建立起一个独立的提升系统和评估系统。这两项提升是分开进行的，互不干扰，提升的要求也是分开的，甚至还可以在两项体系之外，建立一套相互衔接的体系。两者结合起来，可以起到一加一大于二的作用。

一条途径是教职工等级提升，即教职工等级提升。当一个级别的工作人教职工作到一段时间后，经过工龄评定，通过了考核，就可以得到提升。在这样的提拔过程中，要确保大部分在正常年龄参加工作，爱岗敬业，考核合格的教职工，基本在3至5年内可以获得一次提拔，并且提拔是连续的，可以存在一定的同级别提拔差别，但是要确保大部分人都可以提拔，这样才能维持一种长久的、持久的激励。

二是行政职位的晋升，需要符合工作能力和任职条件的要求，符合工作年龄，并且要通过民主推荐、考察、考核等方式。这样的提升更多的依赖于高校的需求以及个体的领导品质。

3. 尽管实行了书记员制度，但大学的组织结构并未改变，依然采用原来的金字塔形的管理方式，实际上，此种方式在政府机关和事业单位中依然存在，无法适应书记员制度这一新的职位管理方式。

从职员制度的实施预期来看，组织结构的扁平化更具优势，其优势在于：组织层级减少，教职工分工明确，减少管理层级层层传递，减少管理过程中的多头管理现象，提高组织整体的反应能力和执行力。

4. 实行大学人事制度，目的在于解决大学校长的升迁问题，但是现行的人事制度对每个等级的工作人数和比例都有很大的限制，从而造成了没有工作人员的职位可以被授予升迁的窘境。

所以，在大学中，建立职员制的职级，能够彻底地消除种种限制，只需要从组织环境和教职工的晋升等角度来看，就不会受到单位行政级别的教职工职级序列的限制。不需要一定为十级，既可以多也可以少，要遵循一些原则，例如：职级晋升没有上限、职级晋升是一种持续的有效的激励、便于与专业技术岗位等级的转化交流等。

5. 大学实行全员教职工制度，主要是要解决教职工的激励问题。激励包含了很多内容：职位的提升属于对政治待遇的激励，职位的分工的重要性属于对工作待遇的激励，而工资的变化属于对经济的激励。而工资作为一种最直接、最有效的方法就是对教职工进行报酬的奖励。具有竞争性的工资待遇，能够让管理岗位职员在自己的工作中更加放心，更加有动机地去学习和领悟管理岗位的业务知识，进而对管理岗位的业务技能进行全面的了解和提升。与此同时，还能够吸引更多的优秀的人才，降低教职工的流动。

6. 大学学员制实行之后，最初的目标就是要把专业技术职务与管理职务分开，但是大学里并没有废除对大学管理人员进行专门技术职务评审，许多大学并没有明确地要求他们必须走一条路，事实上，许多大学里并没有明确地要求他们必须走一条路，事实上，许多情况下，他们的职务评审仍然是一个很重要的个人职务评审，这就造成了他们不但要参与工作职务评审，还要在工作之外，还要投入大量的时间去筹备职称评审，这就加大了他们的工作负担，从而影响了他们的正常工作。如此一来，不但未能实现教职工管理的目标，而且对教职工管理的执行也产生了妨碍。

笔者认为，我国高等学校人事制度构建的目的在于：持续加强机构管理者的专业认同与专业能力，提升个体经营能力；建立一支具有必备素质的稳定的职工队伍，使其达到专业的水平，并为机构改革的整体目标提供服务；其根本目的在于更好地为世界一流高校、世界一流学科的创建做出贡献，从而为中国梦想的完成做出贡献。

第二节 探索高校多元用人模式的实践与对策

在全国各个省份和地区，大学都是为学生们培养出一批具备了创新精神和探索能力，能够适应现代化建设需要的专业化人才的摇篮，同时大学也是对高新技术和智力进行传播与运用的主要阵地。高质量的教育事业需要一支专业、敬业、精干、结构合理的师资队伍。为此，必须以最优秀的人才为主体，以最好的人才为本，构建一套现代化的人才培养体系。

一、高校用人机制的现状

（一）"聘用制"实现基本全覆盖

聘用制指的是高校与教师按照平等自愿、协商一致的原则，签署的法律聘请合同，以此为基础，对聘用双方的权利和责任进行了明确，从而构成了一种契约形式的高校用人制度。在2002年7月，《关于在事业单位试行人员聘用制度的意见》中，有一条新的原则，那就是：除了参照公务员法和转制改制的，其他的都可以实行新的录用。

高等学校"聘用制"的聘用制度具有如下特征：第一，实施由教育部和省级人民政府共同举办的公开招聘，确保了招聘工作的公开、公正和公平；第二，对大学教师进行编制，编制数量和岗位设置应由编制机关核准和管理。第三，大学的各项费用由国家拨款，教师的薪酬由国家人事审批，教师的职务和职称的晋升由国家人事审批。当前，我国高等院校实行"聘用制"管理，是建立现代化用人制度的一项主要措施。高等学校属事业单位，其录用制度也已基本上达到了全员录用的目标。高校教职工聘任制实质上就是一种择优聘任、以岗定工资的用人机制，它从基本上打破了教师的终身制，是一种从人才身份管理到岗位管理的转变，也是一种从传统的高校用人方式到社会化用人方式的转变，这给那些优秀的中青年骨干教师们带来了良好的成长环境，使他们的队伍得到了进一步的完善，从而提升了高校的办学水平。

（二）人事代理、人才派遣等新型用人机制快速发展

人事代理是一种经过人事部门批准，并获得了人事代理资质的人才市场中介服务组织，它们在其所拥有的经营资质的基础上，接受了雇主或个人的委托，根据代理协议，对相关的人事事务进行代理，并在人力资源上向雇主提供社会化的管理和服务。所以，在人事代理制度中，用人单位与职工是一种劳资关系，有关工作人员的工资是通过使用科研经费和自筹资金来支付的，其人才的身份属于人事代理机构。在人才派遣中，可以体现出"但求所用、不求所有"的用人理念。这对"任人唯贤，能者多得"有利，可以让人才社会共享，建立起灵活的用人机制，为社会与高校建立起一条人才互聘互选的便利通道，还可以体现出市场化人才配置和服务保障社会化的特点。

当前，为了解决学校暂时的人力资源短缺问题，学校采取了一些新的用工方式，如：人事代理、人力资源外包等。人事代理、人才派遣等新的聘用方式，加强了学校对人才的监管和激励功能，使得人才从人事档案中摆脱出来，摆脱了对工作岗位的依赖。人才既是"自由人"，又具有选择工作的弹性；而优秀的人才则会带来更多的忧患意识和责任心，唯有不断充实自己的知识，努力工作，提高自己的素质，才能避免落伍。尽管这种新的就业模式因其具有的多元化特征而在大学中得到了快速的发展，但是它自身也有其局限性。它的人才具有很高的流动性，给它的转正定级、工资调整、户口迁移、党团关系等档案的管理带来了很大的困难，给它的工龄计算、职称评定等带来了很大的影响。

（三）"去行政化"用人机制改革已进入探寻阶段

"去行政化"是一次涉及到教育理念、教育体制、教育利益的深刻的思想与体制变革，它的本质就是要求重新回到大学的本源和经营的本源。一些学者建议，在大学中可以尝试建立一个"品"字型的"三权分治"模式，即党委领导，校长管理，教授管理，学生管理，教师管理，学校管理。具体地说，这是一种基于党委的集体领导，将行政权和学术权进行了相对的划分，进而提高了学者们治学、治政的并行的权利体系，形成了一种以行政和学术为主导的"品字型"的大学权利体系。"去行政化"使得学术活动可以根据规范的学术规则和教育体系进行运作与发展，使得学术工作者可以专心于学术，专心于研究与教学，从而改变学术服从于行政、管理服从于行政的尴尬局面，为大学创造一个更好的学术发展环境。华南理工大学作为我国高等院校"去行政化"的先行者，通过一家跨国人才顾问高校对朱清时的人才进行了全球性的选拔，这一做法有别于传统的高校人事任免模式，开启了我国高等院校"去行政化"人才培养模式的变革。学校实行"董事会治理""教授治校"和"学术自治"，并对政府与学校、行政与学术权力进行了清晰的划分。华南理工大学"去行政化"的试点，为我国高等学校现代化管理体制的变革提供了一种有效的途径，为高等学校进行脱胎换骨的变革打开了一扇新的大门。

二、高校建构现代用人机制的策略

（一）实行"多元化"用人机制，建立人才选拔竞争机制

目前，我国大学人才培养机制不健全，最大的问题是人才培养机制相对单一，

人才管理模式相对僵化，无法适应大学多元化发展的要求。为此，构建一种新型的人才培养模式，是保证高等院校持续满足社会发展需要，提升自己竞争能力的重要途径。多元聘用模式是指外部聘用教师、人事代理与在职职工三者有机结合的模式。外部聘用的老师，是指那些没有正式编制的老师，可以按照高校的研究发展、课程设置等需要，从其他高校中，通过"人才引进"的方式，在一定时期内，为高校提供一定的教学、研究项目的指导。人事代理是高等学校为与社会主义市场经济相协调而形成的一种新的人才培养机制，它是一种合同化的行为。它最大的特征就是：它将对人事关系进行管理，并将工作人员的使用进行了分开。它突破了对原有产权的制约，让工作单位变成了一个独立的用人主体，并在聘用合同的约定下，享受着对人才的使用权，并逐渐将原本应该由工作单位承担的有关职责剥离出来，并朝着社会化的方向发展。因其"自由人"的身份和与高校之间的单纯雇佣关系，高校可以自主选择对其进行录用，从而在某种意义上保证了高校对其工作的积极性。在编教职工是指拥有固定的编制，其档案和人事工资关系都是归属于学校的。外聘教师、人事代理人员和在编教职工这三类人员，属于学校三位一体的用人机制。这三类人员在引进、管理和工资待遇等方面都存在差异，所以它们都是由用人部门和人事处共同考核、统一管理的。而且，这三种类型的教职工，都是可以转换的。通过几次与校方的合作，外部聘用的老师与校方建立了较好的互信关系，并通过协商，可以将外部聘用的老师调到自己的工作岗位上，作为编制内的工作人员；在职人员若不能充分发挥其工作能力，可以转成人力资源管理人员；外派教师经多轮录用，对本校作出突出贡献，也可以转为正式职工。大学的教职工组成通常由20%的外聘教师、30%的人事代理、50%的在编教职工组成，这样就可以组成一支稳定有序、灵活多变、积极主动性比较强的教师队伍。

多元化的使用机制，从根本上解决了使用体制单一的弊端，并在某种程度上，利用教职工之间的相互转化和流动，提高了不同类型教职工的工作竞争力，从而促进了不同类型教职工的健康发展。而多样化的就业模式也会促进大学的就业模式的变革，对大学的人才引进与留住都是一个重要的考验。

（二）采用"人文关怀"柔性管理，创建动力提升机制

要在"人"的内在本质上保持对人的内在联系，就必须在此基础上进一步深化对人的内在联系。"人文关怀"弹性管理正是在此基础上提出的，它是高校选拔、培养、用人的现代化思想，是关乎高校百年兴衰的一项重大战略。所以，在大学的

现代人事制度中,应该把过去那种死气沉沉、一成不变的、死板的管理方式,改为情感化的管理方式。

第一,解决职工的物质需要,建立激励机制。利用激励机制来开发教职工的潜力,是高校人力资源管理中最主要的原则之一。大学校园中存在着教师工作缺乏积极性,这明显违背了当代大学的发展趋势。因此,必须建立激励机制。在研究和教学方面,分层次、分能力对教师展开薪酬绩效考核,允许学术专家、学科带头人与一般教师在科研和工作贡献上存在薪酬差异,对学术和学科上的带头人给予优厚的福利,对具有特别贡献的人才给予重奖,让他们真正地变成一所学校的核心,以此来激励教师队伍中的领头人的创造力和探索精神,让他们的研究能力和教学能力得到提高。

第二,要促进人才外流,建立人才外流的制度。为大学的长期发展提供一个良好的发展空间,是大学的基础。我们不应该用强制的契约来约束、留住人,而应该用一种灵活的方式来引导人的流动。注重教职工的长期成长,积极开展访问学习、交流活动,增强用人单位与教职工之间的感情。因此,高等学校既要解决"引进来"问题,又要解决"走出去"问题。要做到"用活"人,不"看死"人,在人际交往中,培育出对高校的感激之情,让高校教师在与高校的交往中,找准自己的位置,寻找自己的工作目标。

(三)推行"立体化"考核机制,构建优秀教师梯队

"立体化"的考试分为两种,一种是集体考试,一种是个体考试。这个队伍包括了两个主要的部门,一个是教育部门,另一个是科研部门,针对每一个工作岗位,都会制定出一种具有差异性的分级考核方式,并采用了一种分级的管理方式,它的重点是从老师所在的岗位系列和职称两个角度展开全面的考核。在大学里,由于办学定位不同,人才培养目标不同,所以,老师的工作和老师的教学的侧重点也有很大的差异,因此,在对老师进行考核和培养时,也应该坚持"以岗位为第一"的原则。第一,大学教师队伍划分为教学队伍、研究队伍和教学—研究队伍,每一支队伍所担负的工作职责都不尽相同,其考核的侧重点也各不相同。一个队伍包括了三种类型的系列,每个队伍都有自己的职责,这样才能做到既能保证自己的学习,又能保证自己的研究成果不会被耽搁,而集体的成果也是每个人的智力成果的成果,在共同协作的过程中,可以提高整个队伍的凝聚力,这对老师们自己的发展以及整个队伍的发展都有很大的好处。第二,为职务分工。在一所大学里,职称由四个级别组成,分别是正高、副高、中级、初级等。在建立一个团队的过程中,同样需要有具有不

同职称的老师来参加,并按照他们各自的能力来发挥各自的功能。在考核过程中,要以每一位老师的工作职责为依据,对每一位老师进行了定性和定量的测评,这样才能够确保高级别的老师能够将低级别的老师们都给带起来,让年轻的老师们能够更好地向老师们学习。

"立体化"评估体系包含了两个层面:第一,以小组为中心,以小组成员为中心,对小组成员进行绩效评估;对于具有不同职称和系列的教师,从科研成果、教学质量、岗位职责等方面,对其进行了三维的衡量、分析和打分,使其能够更好地体现出老师的工作业绩和工作态度,使其具有客观性、科学性和有效性。第二,由人事办公室、教务处、研究部三大部门联合评审,对团队获得的科研成果进行总结,通过"三方会审",形成一套行之有效的评价体系。这样的考核方式,既确保了学校对团队的监管和推进,也确保了团队对个体教师的评估具有一定的真实性,是高校在教师梯队建设和学校人事管理方面有价值探索的一种绩效考核方式。

第八章　高校师资队伍建设

未来，教育部将启动高质量教师队伍建设战略工程，打造中国特色高水平教师教育体系，进一步强化高素质高学历教师供给、推进"双师型"教师队伍建设、为职业教育培养"良匠之师"、深化高校教师队伍建设改革、实施国家银龄教师战略行动、推进教师队伍建设数字化变革，为推进教育现代化、建设教育强国、办好人民满意的教育提供有力保障。

第一节　高校青年人才队伍的目标管理

高校是年轻人的聚集之地，也是培养人才的主要阵地，因此，为了谋求自身发展，并与人才强国战略相匹配，对高质量的创新人才须进行重点培育。

一、努力提高教师队伍的科研创新水平，积极引进高层次人才

大学教师的总体研究与创新水平，在很大程度上，直接影响到了大学的人才培养质量，也影响到了大学的学科发展，是大学能否达到大学的卓越人才的目的的重要一环。

引入杰出的人才，是大学为了顺应这个时代的需要，成为一个真正意义上的"人才强国"的一项重大措施，也是引导大学发展的一个动力来源，也是提高大学的学术影响力的一个行之有效的方法。高等学校要始终贯彻"以人为本"的办学理念，加强师资力量和创造性人才的教育，并将此理念贯彻到办学和教育的每一个方面。这就要求大学必须要有一个学科前沿的领军人物作为支持，同时也要有一个具有一定水平的优秀的人才梯队。所以，一所大学能否抓住并吸引到优秀人才，对于提升其学术影响，促进其学科发展都有着十分关键的作用。

我国大学如何从国外引进高素质的人才。首先，我们要有一个理性的规划，全方位的推进。高等学校应从其发展需要及学科发展方向出发，建立科学、理性的人才观，做好对高水平的人才的培育与引进，并制订出一套科学、合理的引进人才方

案；要扩大视野，形成多方协同，全方位推进人才引进工作新格局；要将已有的人力资本视为宝贵的财富，要善于利用，把握好自己的专业知识，并积极地指导他们充分地利用自己的优势。其次，增加财政投资，给予财政扶持。要想引进高端人才，大学应为其创造良好的居住环境，完善的科研工作的平台，方便的进修环境。再次，健全激励体系，实行科学的奖惩制度，对成绩突出、业绩突出的高级技术人员，既要有物质的，又要有精神的；为了更好地激发出杰出的人才，要实行职务、业绩、年薪制等薪酬体系；要采取多元化的薪酬方式，使创新成果得到合理的报酬。四是加大对人才培养的投资力度，扩大投资途径，广泛吸纳资本，建立多元化的投资体系，实现对人才培养的多元化。

要加大对科技人员的管理力度，不断完善科技人员的职业资格制度。对所聘人员的原有职务、学历等进行审查，确保其业绩评价的公平性、科学性。在此基础上，要进一步巩固与改进"以聘代评"的方式，以各种方式来实现对大学专业技术人员的职务晋升。对拟引进的中外专业技术人员，可以由相关单位确定，不需重复。高等学校应当借鉴国外的竞争性管理体制，采用竞争性管理、择优聘用等办法，使最好的人才能够自主决定自己的等级、职务。

为高端人才的发展创造良好的环境。大学要根据人才发展的客观规律，提倡高水平的人才，提倡科学民主，促进他们在学术上的百家争鸣，主动开展交流，同时也要尊重他们的个人特点，努力建立一个和谐、融洽的人际关系，创造一个民主、活跃的学术交流气氛，为他们提供一个良好、舒适的工作环境。为其在学术交流、进修学习、专著出版、科技成果转化、知识产权申报、实验经费的资助和科研立项的审批等方面的工作，高校要为其提供平台和必要的支持。

二、加强思想政治工作队伍建设，扎实办好中国特色社会主义高校

高等学校在培养人才时，既要立德树人，又要为国家治理，为改革开放，为四个现代化而贡献力量，这是我们的理想。

在干部培养工作中，要始终贯彻和贯彻社会主义核心价值观念。思想政治工作人员必须以"以人为本，以德为先"，要做到因材施教，随机应变，与时俱进，在工作中要按照人才的发展规律，按照教师的教学发展规律，以及对思想政治工作的引导规律，不断地提升自己的专业素质，提升自己的道德修养，主动适应人才的需要。在工作中，要坚持以社会主义核心价值观为导向的师德师风建设，对学生进行全面

的知识教育，同时，要对学生进行优良传统文化教育、革命历史文化教育和社会主义先进文化教育，强化党史、国史、改革开放史和社会主义发展史的教育，使学生人人都成为社会主义核心价值观的信仰者、传播者和实践者，为人才队伍的创新建设打下良好的基础。

在思想政治工作中，要始终把马克思主义当作鲜明的背景。要想让高校的人才队伍进行创新建设，就应该把培养立场坚定的马克思主义学者，特别是一大批年轻有为的青年马克思主义者作为人才建设的目的，在马克思主义的指引下，抛弃僵化的教条，对理论体系进行开放，保持理论与实践的密切联系，让学生能够不断地去探索新的问题，学会分析问题和解决问题的技巧，并倡导不同的学术流派和学术思想之间的相互交流，促进对不同的思想和文化的广泛接受，从而创造出一个有着马克思主义鲜明背景的创新人才培养的生动局面。

做一名"大先生"，是一名优秀的高校学生的必修课。在高校中，高校的学生要做好科普宣传工作，要做好理想信念和爱国情怀的引导者，要做好促进学生全面发展的实干家，要做好培养学生生命、灵魂和人才的"工匠"。"大学，不是建筑，而是大师。"作为一名思想政治教育工作者，要始终坚守立德树人的原则，履行好自己的责任，提高自己的政治觉悟，树立起自己的榜样，做好自己的表率，做自己的老师，用自己的高尚人格来赢得学生的尊敬，用别人的一言一行来树立自己的楷模，努力做一个优秀品质、高雅品位、端正品行、高尚品格的"大老师"，在不知不觉中，培养学生们的人生观、价值观念，引领他们在自己的生活道路上不断前进。

三、创新创业导向，构建科学课程体系，为人才队伍建设提供优良环境保证

高等学校在创新创业教育中，要以学生为本，以老师为本，提倡"教""学"相结合，以创新创业为导向，实现创新创业教育，从而达到创新创业的目的。

制定以创新精神、责任意识、系统思维、实践能力、协作品质和全面素质为重点的课程体系。课程建设应以"全面发展"为核心，以专业导向课程、专业基本功课程、通识课程为主线，指导学生自主地获得全面、精深的专业知识，使其德智体美全面发展。要紧紧围绕着人才培养的目的，将其教育特点充分展现出来，将实践教学在人才培养过程中所起到的重要作用和地位进行强调，建立起将基础知识与创新相结合，将第一课堂与第二课堂相结合，将理论与实践相结合，将校内与校外相结合，从而达到提高大学生创新能力的目的。

通过技术比赛、课题研究等方式，建立创新平台。学校应指导大学生参与各类科技竞赛，开展科学研究，开展社会实践。学校可以建立大学生创业联盟，并组织学生参与各级各类课外学术科技作品竞赛等，以此来构建一个创业平台，为创业大学生提供服务，培养青年学生的创新创业精神，并鼓励青年学生进行创新创业。可以用"校长创新创业基金项目"的方式，让学生在参加活动的过程中，学会分析问题、解决问题，并学会对实验操作技能进行熟练的学习，同时还可以对调查分析的能力进行提升，还可以学会撰写论文，还可以对团队合作精神进行培养，还可以拥有一种科学严谨的工作作风，这样就可以对他们的创新能力和综合素质进行极大的提升，最终达到对创新人才培养的目的。

第二节　高校高层次人才队伍的目标管理

伴随着世界范围内的高等教育的快速发展，人才的国际化程度不断增强，人才的竞争也日益加剧，新的人才价值观、人才评价观和人才培养观都在逐渐产生变化，因此，高校的高水平人才队伍作为吸纳、汇聚和培养人才的高地，显得尤为重要。一所学校是否具有一批高素质的专业技术人员，不仅反映了一所学校的综合竞争力，更是决定了一所学校是否能达到"双一流"建设目标的重要标志。新时期是中国特色社会主义建设的新时期，高校教育工作也将迎来新的发展时期。在对高端人才的不断追求与竞争中，高等学校如何提高其整体素质，既是新时期发展的潮流，也是国际社会之间竞争与挑战的一种客观需求，也是创建"双一流"的一种内在需求，更与高等学校的发展现状及未来有着密切的联系。一所学校要想获得更大的发展，只有通过吸引和培育高素质的、有较大竞争优势的、有针对性的人才发展策略，努力提高高等人才的总体素质，以达到创建"双一流"的目的。

一、我国高校高层次人才队伍建设的发展历程

新中国成立以来，我国高校高层次人才队伍建设发展主要分为五个历史时期。

（一）1949—1965 年的整顿与初步发展时期

新中国建立后，为了保障国内大学的教育和研究，政府重视对大学高级教师的培养，并从社会各界吸收和吸收专家，补充到大学教师的队伍中来。

从那时起，我国就开始了大范围的改革，一是通过派遣人才到国外深造，二是

通过对外交流，扩大了对外交流的途径。同时，我国政府也发布了一批有关支持和组织大学高级技术人员进行专业技术教育的政策和措施。除此之外，教育部还发布了多个重大文件，对高层次人才职务、管理、队伍规划等方面采取了一系列的重大措施，这些措施对我国高校高层次人才队伍的素质进行了全面提升，为我国高校高层次人才队伍的建设和发展打下了坚实的基础。

（二）1966—1977年的遭受严重破坏时期

20世纪60年代至70年代，我国大学高层次人才的数量和质量都出现了显著的下滑。高等教育的发展停滞与倒退，给后续高等教育的发展带来了很大的障碍。

（三）1978—1984年的恢复与重建时期

1978年后，我国的高教工作重新回到了正常的发展轨迹上，高教人员的数量也很快恢复了过来。1978年3月7日，中共中央批复了教育部《关于高等学校恢复和提升职务问题的请示报告》，确定重新启动高校的职称评审工作，这一批复，使积累了十几年的高校高级技术人员的职称评审工作得到了初步的缓解，为今后进一步健全高级技术人员的职称评审、专门技术人员的职称评审工作奠定了坚实的基础。随后，教育部出台一系列文件，对高校高层次人才的考核、进修等工作进行了规范，并通过恢复和实施有关政策，使我国高校高层次人才工作走上了正轨，高校高层次人才的地位逐渐提高，高校高层次人才队伍的建设发展也开始受到关注。

（四）1985—1998年的重点发展时期

1985年5月15日，中国政府举行了首届教育大会；5月27日，中共中央发布了《关于教育体制改革的决定》（以下简称《决定》），《决定》的颁布，标志着中国高等教育开始了一个新的阶段，也标志着中国高等教育事业的发展进入了一个新的阶段，也标志着中国高等教育事业的蓬勃发展。在人们越来越意识到，高级人才对于高等教育的发展和"人才兴国"的意义后，政府采取了很多措施来提高大学高级人才的质量，例如，除了访问和进修之外，还开设了高级研讨班和硕士研究生课程，以此来激励大学老师们不断地提高自己。与此同时，《中华人民共和国教师法》《教师资格条例》《中华人民共和国高等教育法》也相继颁布实施，为加强高等教育事业的发展，制定了相应的法规，为高等教育事业的发展做出了贡献。

(五) 1999 年至今的高速发展时期

从 1999 年起，随着我国高等教育从精英性走向大众性，高等教育的快速发展对培养高素质的人才具有重要的现实意义。教育部在 1999 年 8 月 16 号发布了《关于新时期加强高等学校教师队伍建设的意见》，对我国高校高水平创新人才的工作作出了具体规定，并对其进行了战略性调整，指出我国高校应立足于"高水平创新人才"的发展方向，积极开展"高水平创新人才"项目，培育具有较强科研能力的专业领军人物。

二、新时代高校高层次人才队伍建设的现状与存在的问题

自 1999 年以来，在高校由精英向大众化过渡的背景下，高校迅速发展，为社会提供了更多的高质量的人才。教育部于 1999 年 8 月 16 日颁布的《关于新时期加强高等学校教师队伍建设的意见》，明确提出培养高层次创造性人才的计划和目标，提出了培养高层次创造性人才的目标。

(一) 缺乏长远规划，未与学校、学科发展定位相结合

尽管我国的一些大学已经比较清楚地意识到了高层次人才队伍建设的重要性，但是在实践中，很多大学还没有形成"人才是一所大学发展的第一重要资源"的观念，并没有将人才队伍建设工作放在学校建设发展的战略位置上。很多学校在引进高层次人才的时候，并没有将学校的发展定位与学科建设发展定位相结合，从而制定出一套科学、合理的长远计划，这就造成了高校高层次人才队伍中出现了很多不合理的现象，比如：在高层次人才队伍的层次结构上，缺少高层次拔尖人才和学科带头人；就其年龄构成而言，高校高素质教育中年轻教师比例偏高，对高校年轻教师的培训提出了更高的要求；在学缘结构上，许多大学都出现了高层次人才团队的畸形现象，这都是由于大学高层次人才团队的工作没有与大学和学科的发展定位相联系，没有科学地制定长远的计划所造成的。

(二) 高层次人才引进机制不够完善

随着我国大学的发展，大学对高水平人才的要求越来越高，大学里的高水平人才已经呈现出"供不应求"的局面，大学里的高水平人才已经成为大学里的一项重大的战略工作，但是，目前的大学里还没有建立起一套科学、合理、规范的高水平人才的工作体系，大学里的高水平人才的评价标准比较单一，考核指标也比较"一

刀切"，无法实现"因才施策"，这就给高水平人才的工作造成了很大的阻碍。还有一些大学在引进高级人才的方法上，思想太死板，没有弹性，只重视"刚性引进"高级人才，而没有实行"柔性引进"，只重视高级人才的人事关系，这种做法对高级人才的引进造成了很大的制约。

（三）高层次人才考核激励制度有待进一步建立健全

尽管当前，国内各大高校都在一定程度上进行了人事制度改革与分配制度改革，但是，很多高校当前实施的高层次人才考核制度和激励制度还没有被很好地改进，缺少一套科学、规范、系统的高层次人才队伍考核激励制度，还需要更多地构建出一套对人力资源开发有利、以绩效考核评估为核心并能充分激发工作人员的积极性和创造性的激励制度。目前，我国高校在评价高级人才时，过分注重其学术水平和研究成绩，而忽略其师德和教学水平。在工资和福利的分配体系上，也没有将"多劳多得、优劳优酬"的原则贯彻到底，不能将高层次人才的工作主动性和热情完全激发出来。许多大学仍然存在着"能进不能出，能上不能下"的问题，人才的总体流动性较低，缺少一种科学、规范的人才分流、淘汰的管理机制，这对人才的合理流动和教师资源共享造成了不利影响。

（四）重外来人才的引进，轻既有人才的培养

无论是从理论上，还是从实践上，都应加以检验。各高校纷纷加大力度，积极引入新的高水平的专业人员及专业团队，使高校的专业人员组成更加合理。在引入人才的时候，学校在科研、生活、住房及职称认定等方面都会提供一定的特别优惠，这会对校园中的已有人才造成很大的影响，还会导致既有人才的心理失衡，从而导致他们的工作积极性受到打击等负面后果。一些大学由于过分重视对外来人才的引入，而忽略了对已有人才的稳定与培育，在对待外来人才与既有人才时，使用两种完全不一样的考核评价标准，并且在工资待遇上存在着巨大的差别，从而产生了"外来的和尚好念经"的现象，从而引发了对已有人才的不满，从而导致了一方面引进外来人才，另一方面又使原有的人才流失，从而造成了人力资源的巨大浪费。

（五）对引进后的高层次人才培养发展不够重视，导致人才流失较严重

目前，在人才竞争日益加剧的情况下，各个大学都纷纷制定了各种措施，以高薪酬、好待遇来吸引高层次人才。但是，高层次人才的引入并不意味着高校人才队伍建设工作的终点，而是一个开始。目前，在我国许多高校中，都存在着"重引进

而轻培养"的现象。在高层次人才引进后,并没有为他们提供良好的工作环境、发展平台以及有力的支持政策,也没有对他们进行充分的尊重、理解和关心,也没有对高层次人才的后续培养和发展进行充分的关注。许多新引入的人才,在进入工作岗位之后,在职业规划、科研创新、项目申报、科研团队合作等方面,都没有得到学校的有力支持与积极的指导。此外,新引入的人才对学校晋升机制、规章制度、校园文化等还没有深入地理解,因此对学校还没有形成真正的归属感和组织忠诚,这就造成高层次人才的流失。

三、提升高校高层次人才队伍建设水平的对策与建议

(一)科学规划,将高层次人才队伍建设与学校、学科发展定位相结合

科学、合理、切实可行的高校高水平人才工作,是高校高水平人才工作的根本保证。高校在进行高层次人才工作时,应先制订符合学校事业发展定位、学科建设目标定位的高层次人才队伍建设计划,然后有计划、有步骤地进行实施。

根据办学定位,中国的高等院校可以将其划分为研究型、教育型和应用型三类,这些院校的办学定位各不相同,对于高水平人才的要求、要求及评价标准也各不相同,在目前的形势下,高等院校引进高水平人才的竞争日趋激烈,"抢人大战"时有发生,高等院校应当根据自己的需要,在高水平人才的培养计划的指引下,合理地引进高水平人才。

高层次人才队伍建设还应该与学校学科、专业建设发展的需求紧密地联系起来,特别是对于某些新兴学科和专业,仅凭学校自身的力量,很难培育出杰出的学术骨干。在这样的背景下,学校要加强对优秀高层次人才的培养,并在他们被引入之后,对他们展开特殊的培养,让他们尽快成长为学科和学术带头人。高校高水平人才的引进和培养,必须与学校的学科和专业的发展密切联系起来,以学科和专业的建设和发展为依据,合理地进行引进。高校应该对高层次人才进行科学的规划和执行,保证在高层次人才被引入后,可以为他们提供一个好的发展平台,为他们的事业志向提供一个施展才华的场所,而不是"为引进而引进",从而导致了对人才资源的巨大浪费。

(二)创新方式,进一步完善高层次人才引进机制

高层次人才的引入,可以让高校的人才队伍的结构发生很好的变化,它可以让人才队伍的整体成长和发展起来,可以让学校学科、专业的建设和发展得到更好的

促进。所以，高校都会在这方面进行更多的投资，并制定相应的人才引进政策，并提出一些强有力的创新措施，以此来提高学校的对外影响力，进而更加广泛地吸纳国内外的高层次人才。

在高层次人才的引进工作中，高校应该更加重视对人才的引进机制的构建，制定出科学、合理、切实可行的人才政策，让人才的引进工作可以按照一定的规律进行，从而为高层次人才的引进工作提供一个很好的政策保障。此外，在对高层次人才的住房安置、科研经费、工作条件、特殊津贴、配偶随调等问题上，为他们创造一个良好的工作生活环境，为他们解决生活中的一些现实问题，使他们可以放心地工作，没有任何后顾之忧。

在对高水平人才的工作中，要营造一个好的发展环境，以更好的环境来吸引更多的优秀人才。对高层次人才而言，一个优秀的工作环境是能够吸引他们来学校工作的一个主要原因，因此，高校应该想尽一切办法为他们营造出一个具有浓厚的学术氛围、较强的协作精神、融洽的人际关系的良好的学术氛围，同时也要尊重他们的成长规律，要尊重他们的人格，为他们提供多种发展机会，要对他们进行充分的信赖，要敢于大胆地运用他们，让他们能够真正地发挥出自己的才能。

高等学校应在重视"刚性引进"与"柔性引进"的基础上，采取以"刚性引进"为主、以"柔性引进"为辅的策略，进行积极的变革与创新。所谓的"柔性引进"，就是在"柔性引进"的过程中，通过对高水平的人员的人事关系进行简化，将更多的精力放在了对高水平的人员的知识和科学研究上，例如，聘请双聘院士、特聘教授、兼职教授和讲座教授，都是高水平的人员的一种行之有效的方式。实施"柔性引进"策略，既可以减少高校在资金中的投入，又可以提升人才在高校中的使用效能，从而减轻高校对高端人才的依赖程度。

高等院校应注重全面引入高水平的科研队伍。一些优秀的科研人员已经在其所在的科研机构组建了高水平的科研队伍，并且经常在一个或几个课题上合作。教师队伍是大学教育教学与研究的中坚，是大学教育教学与研究领域的核心。所以，当高校在引进关键高层次人才的时候，可以将整个科研团队都引入进来，为所引进的关键高层次人才和他们的科研团队创造一个好的工作氛围，让他们能够产出更多高质量的科研成果。

（三）深化改革，建立健全科学有效的考核激励制度

评价和激励是高等学校高水平人才工作中的一个关键环节，也是高等学校高水

平人才工作的主要推动力。高校要做好高水平的培养工作，必须要有科学合理的考核与激励机制。

在建立高层次人才考核标准体系时，要突破"唯论文、唯帽子、唯职称、唯学历、唯奖项"的固有模式，对德、能、勤、绩等方面进行综合考虑，采取定性与定量相结合的方式，将考核与聘期任务、目标责任等有机地联系起来，全面地对其师德师风、教学水平、科研成果、团队建设等方面进行全面地考核，并将考核结果进行反馈，实现以考核促进发展。

在构建高层次人才考核指标体系的时候，高校应该对高层次人才的共同特点和共同之处进行充分的考量，同时还要将各种学科的差异和特殊性都考虑进去，要充分体现出公平性和公正性，并以人才所处的不同发展时期为基础，构建出合理、可行的参照体系标准和量化考核指标，让人才考核指标体系既有规范性、适用性，又有一定的弹性。应该充分尊重教育教学规律，并将科研工作的特殊性纳入其中，激励高层次人才静下心来做研究，从而获得高质量的科研成果。

至于对高级人才的激励机制，除了要重视对高级人才的工资与业绩分配机制的变革与创新之外，还要采取多种形式的奖惩措施，以充分发挥高级人才的工作热情外，还要对高级人才进行改进，建立高级人才的分流与淘汰机制，引进高级人才的竞争机制等，充分发挥高级人才的作用，使高级人才的工作热情与创造力得到充分发挥，从而促进高级人才的发展与进步。

（四）引育并举，正确处理好高层次人才引进与既有人才培养之间的关系

在学校的建设和发展过程中，老字辈人才队伍起到了至关重要的作用，他们大部分人对自己的学校充满了浓厚的情感和更多的归属感，有些老师经过自己的努力，已经能够很好地融入到学校的工作环境中，成为了教学、科研和管理的骨干。高等学校在发展过程中应注意把握好"引才"和"用才留才"的矛盾，避免因"用才留用"而出现"用才用尽"的局面。在处理引进人才和学校已有人才的问题上，高校要注重建立健全合理公平的人才评估制度，将人才的相关支持措施贯彻执行并健全，在政策上要保持相对均衡，不能偏袒任何一方，从而为高水平人才营造出一个公平的竞争机制，以及一个融洽的学习氛围。

学校要尽量为引进的人才与现有的人才搭建交流与理解的平台，在整个校园中，形成"尊重知识、承认差异、相互欣赏"的良好的软环境，以创建一个融洽的气氛，让引进的和现有的两个人才都对学校产生一种真实的归属感，让他们对学校的组织

忠诚度得到培养，加强他们与学校的合同联系，激发他们的工作激情与积极性，从而提升他们的总体素质，从而为大学的发展，提供强大的动力与优质的高层次人才的支持。

除此之外，高校还应该采取多种政策措施，鼓励和支持现有的优秀教师参加多种方式的海外进修、出国访问、参加国际会议等，推动高水平教师的国际化交流和发展。如何对学校的已有人才进行培育和发展，是高校高层次人才队伍建设工作中的一个重要环节，因此，在制定有关的政策时，应该给予一定的倾斜，对已有的人员进行自我提高，从而更好地推动其发展。

（五）有效实施高层次人才的稳定、培养与发展有机结合的三位一体策略

在把高层次人才引入到学校之后，并不意味着就可以一步登天了，而是要持续地为他们创造一个良好的工作、科研和生活环境，使他们能够在工作中放心地工作，从而达到高层次人才的稳步发展。

大学应当增加对高水平人才的投资，提高对高水平人才的培养。在对人才进行有效的管理时，要充分认识到老师在人才培育过程中的领导地位，采取"高薪聘用、优劳优酬"的方式，让优秀人才的贡献被充分认识并发挥出来。对于有科研前景的高端人才，各大学应结合自身条件，适当给予一定的政策支持和经费支持，使其发挥出最大的作用，并拓宽其筹资途径，为其"雪中送炭"。

大学既要以情留人，以利留人，更要以事业留住人才，以发展留住人才。许多高校在留人过程中，只注重"以情留人""以钱留人"，而忽略了"以业留人""以人促人"的重要性。其实，对高级人才来说，"以情留住""以利留住"，归根结底，还是以"以业留住"为原则。对大部分高级人才来说，一个好的工作环境，一个好的发展空间，比待遇、感情更重要。因此，为已引进的高层次人才提供一个好的事业平台，为其创造一个好的教学团队，营造一个良好的学习氛围，这些都是高校留住高层次人才的重要途径。高等院校应该积极学习国外知名院校的成功做法，努力创造出一个好的学习环境，让高等院校能够为高水平的人才提供一个发展和腾飞的平台，也能够为创新的科学研究结果提供一个肥沃的土壤。

大学应该有自己的特色，吸引更多的优秀人才。大学校园文化，是大学教师和学生所共同创建和持有的一种价值理念和文化制度的总称。大学的校园文化有四种表现形式：物质文化，行为文化，制度文化，精神文化。高校的精神文明建设是高校的重要组成部分。像哈佛、耶鲁、牛津、剑桥这样的举世闻名的著名大学，都是

各国学生梦寐以求的好去处。这几所著名学校的魅力，主要在于他们都拥有一种真实的"大学精神"，"大学精神"是一种在长期的发展历程中，通过潜移默化的方式逐步演变而来的，为历届的老师和学生所认可的价值观和文化系统，是学校的价值观和文化表现。正是因为有了这样一种"精神"，才能把来自世界各地的英才们，吸引到这里来学习，成长，历练，并让它们的名声经久不息，这正是大学的强大魅力所在。一个学校的文化和精神并不是在短时间内就能建立起来的，而是在很长的时间里积累起来的。各地大学要坚持"有什么就做什么"的原则，把"特色"做大，开展"特色专业""重点专业"等项目，加大对人才的引进力度，健全对人才的吸收制度，为人才的成长和成才创造一个更好的条件，创造一个更好的校园气氛，采取多种方式引入，广泛吸收国内外的杰出人才，大力推进高端人才的培养，为我国"双一流"大学奠定坚实的理论和实践基础。

高等职业技术教育是一所大学提高自身教育素质的一个主要手段，也是一所大学提高自身素质的一个主要标志，也是一所大学建设与发展的一个主要保证。面临着日趋白热化的人才市场，新时期高等院校要坚持科学的人才观，坚持"人才强校"的方针，根据学校的发展定位和学科的发展方向，制订和执行符合自己发展特色和现实需要的高端人才计划，不断地推进人事制度的改革，不断地进行管理，不断地完善人才的组织体系，不断地提高人才的经营素质，不断地提高人才的创造性，不断地策划和完善我国高端人才的发展策略，不断地提高高端人才的综合素质，为我国高校的"世界一流"奠定坚实的基础。

第三节　高校"双师型"人才队伍的目标管理

一、"双师型"教师队伍的内涵与意义

（一）"双师型"教师概念的由来

"双师型"教师这一新的理念，是在1995年由教育部颁布的《关于开展建设示范性职业大学工作的原则意见》中第一次被提出来的，它要求具有一批专兼职相结合，结构合理，高素质的教师。教育部《国家中长期教育改革和发展规划纲要（2010—2020年）》提出，要强化高职院校培养"双师型"师资，强化高职院校人才培养，提高高职院校人才培养的基本素质。2014年5月2号，教育部《关于加快发展现代

职业教育的决定》中,又一次提到,要加强"双师型"师资力量的建设,要加强师资力量的培养,加强师资力量的考核体系,推动高层次院校与大型高校建立师资力量的合作关系。

(二)"双师型"教师的内涵与实质

关于"双师型"师资的含义,学术界主要存在着"双职称""双证书""双能力""双层次""双融合""叠加""特定"等不同的解释。根据"双职称"理论,"双师型"教师应同时具有教学类和高职技术类两个领域的高级职称。所谓"双证书"理论,就是指拥有教师系列的职称,证书的同时也要具备与产业相关的技术证书。"双能力"理论从能力的角度出发,提出了"双师型"教师既要有高水平的教学能力,又要有高水平的教学科研能力,还要有高水平的专业操作能力,具有高水平的实际教学能力。"叠加"理论("双师"="双证"+"双能")指出,"双证"与"双能"是相互补充、相互依赖的。通过对各个方面的界定,作者在这一部分所采取的基本理念是:"双师型"的老师应当包括两个层面:一是"双师"的品质,二是"双师"的架构。

在双师素养方面,"双师型"师资应具有一定的理论素养和实际工作能力,具有相对于一般大学师资更多的实际工作经历和更多的职业操作技巧;相对于高校技术人员而言,教师具有更高的基础理论知识和更强的实践性和应用性。从"双师"的层次上看,"双师型"师资有两种:一种是理论性师资,另一种是实践性师资。这一部分所指的"双师型"老师,既有"双师"特质,又有"双师"架构。

二、"双师型"教师队伍建设在构建应用型人才培养机制中的重要性

(一)"双师型"教师是应用型高校教师队伍建设的特色和重点

近几年,国家一直在寻找一种新的发展模式,对科技进步,劳动者素质,以及对创新创业的需求,都与高校的教学质量有着直接的关系。有学者认为要加速推进教育体制的变革,鼓励有能力的普通本科高等院校向应用型发展,修订高等院校的办学规范,不仅要发展综合性的,还要发展小而精的,有专业特色的,制定应用型高等院校的规范,指导高等院校积极地根据市场化的需要,对专业的选择和布局进行相应的调整,并对学生的培养进行第三方评估,尤其是对需要方的评估。广东省教育部等3个部委在2016年发布了《关于引导部分普通本科高校向应用型转变的实

施意见》，其中提出，在 4 年内选择一批学校作为转型试点。广东省教育部经甄选后发布《关于普通本科转型试点高校遴选结果的公示》，确定广东财经学院、电子科技大学中山学院为 14 所，其中 14 所将作为"面向应用的大学"进行改革试点。

从一般的大学到应用型大学的转变，反映出在国家的经济和社会快速发展的大环境中，对应用型和职业型人才的迫切需要。应用型大学在专业设置和人才培养方面，必须突破过去那种依靠学科逻辑来培养学术型人才的传统观念，构建出一种产教融合、校企合作的技术技能人才培养方式，从而为行业的发展提供人才和技术支持。在这种情况下，"双师型"教师队伍的建设和培养，对即将进行转型的普通本科院校来说，将变得日益重要。

2021 年，中共中央办公厅、国务院办公厅印发了《关于推动现代职业教育高质量发展的意见》提出，要强化"双师型"教师队伍建设，制定"双师型"教师标准，建设一支高素质"双师型"的教师队伍。国务院发不了《关于印发国家职业教育改革实施方案的通知》（2019 年）要求"双师型"教师占专业课教师总数超过一半。《教育部等四部门关于印发〈深化新时代职业教育"双师型"教师队伍建设改革实施方案〉的通知》（2019 年），要求各地结合实际，制定"双师型"教师认定标准，将体现技能水平和专业教学能力的双师素质纳入教师考核评价体系。这些聚焦于职业教育"双师型"教师队伍建设的文件，为国家层面"双师型"教师认定标准的制定与实施带来了重要的建设契机。

（二）"双师型"教师队伍建设是职业院校"三教"改革的内在需求

教育部、国家发展改革委、财政部、人力资源社会保障部联合印发的《深化新时代职业教育"双师型"教师队伍建设改革实施方案》（2019 年）对加强"双师型"教师队伍提出了明确要求。可见，"双师型"教师队伍建设的深化已经上升为新时代国家职业教育的全局性问题和战略性部署。

教师是高职推进"三教"改革的母机和关键，一要解决好"教什么"的问题，不仅把职业综合能力作为教学目标，更要将满足职业需求的各项能力设计开发为单独的教学模块，编制活页式教材，以此作为能力本位课程建设的突破口。同时推进"课程思政"，将社会主义核心价值观、工匠与劳模精神等融入课堂。二要解决好"怎么教"的问题，以打破传统学科教学的模式为切入点，优化重构教学流程，探索情景式教学、项目化教学以及工作过程导向教学的方法创新。职业院校教师须紧扣市场的新规范、新技术、新工艺，主动提升适应经济社会发展需求的能力，通过融合人才能力评价标准与职业技能等级标准、融通人才考核评价方式与职业技能鉴定方式、融会知识培训内容与专业教学内容等路径,促进职业院校的教师、教材、教法进行根本性变革,驱动"三教"改革向纵深发展。

三、"双师型"教师队伍建设的实践探索

为加强产教融合背景下的双师型教师队伍建设,江苏海事职业技术学院积极推进教师激励与评价机制改革,借助于校企合作,强化双师型教师的实践创新能力建设,为教师的教学工作实效和职业发展提供了清晰的指导,提升了教师的职业素养和专业能力。

(一)构建双师型教师培育体系,增强教师的专业实践能力和教学能力

学校开展双师型教师队伍建设专项调研,根据本校教育教学需求以及现有的教育资源制定了科学化的双师型教师培育体系。以"双能递进、分层培养"为突破口,实施教师素质提升计划,分级打造师德高尚、技艺精湛、育人水平高超的教学名师、专业带头人、青年骨干教师等。将教师实践创新能力作为双师型教师培养的核心,通过"百名教师下企业""教师顶岗实习"等活动,选派优秀教师到企业中磨炼和学习,不断提升教师专业教学和专业实践的应用性。积极吸纳企业优秀技术员工参与到学校的专业教学中,使专业教学更加符合现实实践和应用的需要,提升学生专业学习的实践性和应用性。江苏海院将2020年确立为"项目化教育教学改革年",将职教理念中的"项目化教学"和专业建设中的"成果导向(OBE)"理论有机结合,以真实的岗位工作为项目,将知识融入到项目问题解决之中,在实际操作动手中引导学生发现核心知识,掌握核心技能,从而提升双师型教师的教育教学能力。学校还引导双师型教师将个人专业发展、教学能力发展作为自己职称评定、岗位升迁、科研绩效考核的重要标准,不断加大对于教师队伍科技成果转化的扶持力度,使本校专业教师能够积极投身于专业实践和专业应用当中,这无疑带动本校的专业发展和科研成果的市场转化,为高职院校带来一定的经济和社会效益。

(二)实施双师型教师选聘制度,优化教师的职业发展规划和科研水平

学校通过"千帆计划"体系,积极推动"千帆双师""千帆高层"等人才建设。在双师型教师选聘上重视高层次人才的引进,并且以本校专业教学和科研需求积极吸纳工程技术教师和技术人才,为本校的专业教学、科研、育人、成果市场转化等方面提供助力。重视双师型教师队伍的人才选拔和聘任,积极吸纳真正具有专业应

用能力、实践创新能力的综合型、应用型教师参与到双师型教师培养中，这样一方面能够推动学校将有限的人力物力和教育科研资源投入到优秀的专业领军教师身上，从而快速地建立本校的教学优势和科研优势。另一方面，这也能够形成于一种良性的激励机制，为教师的职业发展提供有利条件，能够实现个人专业能力的现实价值转化。学校还以科技十条等相应激励政策推动教师积极破解科技前沿难题、满足国家重大战略需求、解决区域行业重大理论和现实问题等有重大影响的成果，特别是攻克关键核心技术，解决"卡脖子"问题的重大科研贡献，充分满足教师个人的专业发展和职业发展需求，推动本校专业教学和科研水平的大力提升。

（三）改革双师型教师评价标准，促进教师发展的自我驱动和自我认同

学校制定双师型教师认定标准时，重视以教师的实践创新能力培养为核心，这既反映了本校作为职业院校开展专业应用型教学和科研的需求，同时教师的实践创新能力培养更加能够适应技术成果市场化应用和转化的需求，这对于学校"双高计划"建设具有至关重要的作用。学校大刀阔斧搞改革，"破"单维度、偏科研的职称评价标准，从注重"单向度评价"向"多向度多元综合评价"转变，不再简单以 SCI、SSCI 等论文相关指标代替对教师科研成果和学术水平的专业判断，将教学评价、学术评价、参与地方服务、成果转移转化等内容纳入职称评审考量范围。同时设置灵活的可替代认定条款，建立教学、科研、复合等多维的职称晋升通道。探索建立学校、行业企业等多元参与的"双师型"教师评价考核体系，将体现技能水平和专业教学能力的双师素质纳入教师考核评价体系，积极推动教师根据自己的职业发展需求和本校的专业建设、科研创新需求，实现本校专业教师向双师型教师转型的自我驱动，引导教师在不断提升自身专业实践能力和职业发展能力的同时，不断提升对于教师职业和自我价值的认同。这能够推进双师型教师队伍建设的科学发展，也有利于教师个人在职业发展压力下的身心健康。职业院校不应以行政命令要求教师的科研成果，而应以精神激励与物质奖励相结合的方式，使教师将个人的专业发展和专业创新实践同职业发展联系起来，进而催生自我发展的驱动力以及对于自身科研创新工作的认同感。

（四）推动教育和产业融合发展，实现教师职业与学校事业的协同提升

学校紧扣海洋运输、船舶制造产业发展需求，依托政行企校四方合作发展理事会和泛长三角港口与航运国际职教集团，结合江苏远洋学院、南京港口学院等学校特色产业学院，以培养教师实践能力和创新能力为核心，通过构建校企命运

共同体，推进教育教学内容与生产实际相融合，校内、校外教学资源相融合，形成教育和产业融合发展的大格局，构筑与行业高校"协同育人、协同办学、协同创新"的人才培养模式。协同育人既要培养符合社会需要的高素质专门人才和拔尖创新人才，也要培养各行各业急需的大批技术技能型人才，培养更多的促进高校技术升级、产品更新的能工巧匠、大国工匠。教师借助于校企双方资源，紧盯产业和技术升级需求，将新技术、新工艺、新规范等产业先进元素及时纳入教学标准和教学内容，使教师具有高校教学科研和高校实务操作的多重价值。通过在专业教学实践中为学生提供更为全面的指导，使学生充分掌握专业理论和专业技能，促进学生的专业发展和职业发展。产教融合是深化教育改革，培养适应产业转型升级双师型教师队伍的根本要求和有效途径。学校紧贴区域地方发展需求，与产业发展同频共振，促进高校需求侧和教育供给侧要素全方位融合，实现人才"供给—需求"单向链条向"供给—需求—供给"闭环反馈的转变，在服务区域经济社会发展中"真融""真合"，解决真问题、做出真贡献，打通育人和用人的"最后一公里"。

四、"双师型"教师队伍建设策略

从事专业教学的教师能否胜任教学，能否掌握技术技能的内涵，职业教育复合型人才的培养真正依赖于"双师型"教师队伍的构建。

（一）建设以"双师素质"为导向的教师标准体系

一是坚持师德第一标准。2022年10月，教育部印发的《教育部办公厅关于做好职业教育"双师型"教师认定工作的通知》附件中已出台职业教育"双师型"教师基本标准，明确"坚持把师德师风作为衡量'双师型'教师能力素质的第一标准"。职业院校应出台以师德为首的"双师型"教师资格认证标准体系，强化对教师思想政治素质和师德素养的考察，师德考核不合格者在影响期内不得参加"双师型"教师认定；落实立德树人根本任务，注重爱岗敬业的职业精神、精益求精的品质精神、协作共进的团队精神、追求卓越的创新精神等融为一体的"工匠精神"培养；通过事迹宣讲、师德论坛或观看优秀典型事迹纪录片等，用身边的榜样传递师德力量，激励广大教师见贤思齐，引导教师从"被感动"到"见行动"，掀起争做"四有"好老师的热潮；秉持"价值引领"和"知识传授"有机统一，深度挖掘课程的育人元素，重在润物无声，发挥课堂教学的育人主渠道作用，推进"课程思政"教学和全员全程全方位的育人模式改革。二是分层级设定标准。构建"国家—省（市）—学校"三级标准体系：国家层面出台"双师型"教师认定的最低标准和宏观指引政策；省级教育行政部门制定契合行业要求、体现区域产业特色的指导性标准体系；职业院校结合校情，谋划能充分体现自身办学特色、具有可操作性的评价标准。三是构建等级递进式标准。为适应与产业升级协同发展的专业群建设，"双师型"教师须逐渐从教师个体的"双师素质"转向"双师型"结构化教师团队的认定。基于教师标准、行业标准、技术创新标准等差异，"双师型"教师可按照"双师型"偏理论、"双师型"偏实践、"双师型"偏创新三种类型构建标准，同时设定新入职型、经验型、专家型三种级别的"双师型"教师梯队。四是制定授课教师认证新标准。遵循教育规律和技术技能人才成长规律，从职业道德、知识构架、操作技能和"X"证书培训师的专项职业能力等维度建立"德技并修"认定标准体系。从整体与系统的角度融合理论与实践技能的知识，认定标准应更多体现在课程的模块化改造、教学过程的任务化变革、学习评价的技能化、职业技能等级鉴定的常态化等方面。技能水平达到 X 高级证书以上标准后再实施教学，将 X 证书培训师资格列为"双师型"教师的重要认证标准。

（二）构建以"产教融合"为主流的培养培训机制

一是施行分层级个性化培训。职业院校要与培训评价组织、龙头高校等协同谋划前瞻性与多元化并存的培训体系：专业带头人和管理者培训须紧扣 1+X 证书制度新内涵新理念，把握职业技能等级证书及标准的要求，顶层设计好全新的人才培养方案；骨干教师培训要紧紧围绕课程开发与设计、教育教学方法、教学评价改革与创新能力等主题展开培训；"种子"教师培训要以职业技能等级证书考试为抓手，培育一批具备职业技能等级证书的社会培训师。二是加强与高校合作式培训。将 1+X 证书制度试点师资培训列入高职院校"十四五"（2021—2025 年）发展规划中，依托高校和培训评价组织资源，用行业师资培训的标准、方法、路径来帮助教师完成角色转换，聚焦 1+X 证书职业标准及相应的教学标准，将考证培训与日常教学培训相融合，塑造教师能胜任 X 证书培训师角色，提升职业技能教学培训水平。三是注重教师实战参与式培训。坚持"全员"原则，要把教师推向实战场地（基地），让教师充分参与到真实的岗位上去锻炼和训练，将技能鉴定标准与高校真实项目相融合。参与即行动，参与即实践，通过建立周期轮训制度和新教师实习成长制度，重构教师实践型知识框架，提升教师实施教学、培训和考核评价"三力并重"能力体系。要根据"双师型"教师不同阶段发展需求，精准提供教育教学、岗位实训、高校实践等机会。四是挖掘典型注重名师（大师）培育。2022年3月，江苏省教育厅印发的《江苏省职业教育"双师型"教师团队建设项目管理办法》（2022年）明确："十四五"期间全省将重点建设一批省级职业教育教师教学创新团队、"双师型"名师工作室和技艺技能传承创新平台。为激发高职院校教师、行业高校专家参与教育教学改革的实践活力和创新能力，秉承育名师、建梯队、促发展、出成果的建设思路，建立以省级及以上教学名师、技能大师、工艺美术大师、乡土大师、紧缺人才等为领衔人，凝聚一批忠诚党的教育方针、道德品行正派的高职院校及行业高校杰出人士，培育躬身高职教育改革实践、立足技术技能人才培养、扎根江苏大地的优秀团队和领军教师，形成组织化、制度化的"双师双能"高水平专业发展共同体。团队建设期内，领衔人组织团队成员，采取集中学习、跟岗实践和线上研修（不超过30%）等相结合的方式，每年开展为期不少于3周的集中团队研修；三年培养培训不少于60名团队以外专业骨干教师。通过充分挖掘典型，发挥示范引领作用，在教师专业发展成长、课程教学创新、专业建设改革、技术技能传承、项目联合攻关等方面形成高质量、有特色的理论和实践成果，以点带面推动高职教育教学模式和人才培养模式改革。

（三）改革以"双师素质"为核心的考核评价体系

一是探索"双师型"职评制度。克服唯论文、唯"帽子"、唯学历、唯奖项、唯项目等五唯倾向，摒弃简单可量化的评价方式，将行业领域活跃度和影响力作为重要评价指标，以品德、技术技能为导向，将实操能力与职称晋升捆绑后形成制约机制，探索从课证融通、成果转化、社会服务等多维度建立双师型教师职称体系，譬如正高级双师、副高级双师等。对取得重大基础研究和前沿技术突破、解决重大工程技术难题、为学校事业发展做出突破性贡献的教师，可低职高聘或越级申报职称，拓宽教师的晋升新渠道。同时为发挥"双师型"教师在综合育人、教学改革、社会服务等方面的带头引领作用，应鼓励"双师型"教师取得行业领域职业资格证书、职业技能等级证书，获聘行业领域专业技术职务（职称）。二是增添第三方评定教师新元素。评价模式向开放性、多元化转变，建立"行业高校、知名专家、受训学员、培训评价组织"为主体的评定组织，以"开发内容、开发过程、试验性培训结果"为三维度评价内容，以分项评价和综合评价两类评价形式为体系模型，客观公正、全面系统地评价职业教育教师职业培训项目的推广效应和应用价值。完善同行专家评议机制，不搞"一刀切"认定专业成就，探索引入第三方机构进行独立成果评价，充分激发教师的活力和动能。三是出台绩效工资激励制度。职业教育"双师型"教师的课时费标准原则上应高于同级别教师岗位，在内部绩效工资分配时酌情向承担相关工作的一线专业教师重点倾斜，如参加培训学习、X证书培训课程开发及向校内外人士提供培训服务课时等。对任务繁重且业绩突出的教师，要依托学校实际情况出台"一校一策"，据实核增绩效，或在各级各类人才项目、教科研课题等申报工作中设立绿色通道，用于引导和培育教师全身心投入到新一轮的教育教学改革大潮中。通过激活教师自我成长"内驱力"。四是打破双师资格的终身制。"双师型"教师认定标准应该成为职业教育教师专业发展标准、职称评审标准、绩效考核标准等系列政策的基础性条件，同时打破"双师型"教师资格的终身性，明确"双师型"教师资格的有效期限，到期后须重新申请认定方可有效。要结合学制和专业特点，突出一个聘期内的岗位业绩考察，促进教师知识与技能的持续更新。

（四）打造以"校企同向"为常态的教学创新团队

一是跨界融合组建团队成员。突破校企互利共赢的瓶颈，通过引进培训评价组织培训师或行业高校产业导师，依据师德为首、专兼互补的原则，创建"政行企校"四方协同混编教师团队。同时聚焦行业技术发展方向与市场需求，打破传统的以教研室或学科组合模式，鼓励不同类别课程之间的渗透交叉，为团队后期的协同工作奠定坚实的人才结构基础，促使团队真正成为创新课程开发、教师素质提升以及技术成果转化的坚强基层组织。二是架构"四阶四维"团队培育体系。构建以"国家工匠之师"为引领的高层次职教教师团队，团队带头人作为"领头羊"，负责统筹与协调团队工作；教授、行业专家等发挥引领与决策的作用；骨干教师、高校技师等是团队的中坚力量，更是任务的主要执行者；青年教师则是团队成长活力和创造力的供给者。通过同步实施领军人才"精英"引培工程、骨干教师"精技"提升工程、产业导师"琢艺"建设工程和青年教师"琢业"成长工程，从"教育教学能力、课程开发能力、教研与科研能力、服务社会与成果转化能力"四个维度，构建阶梯式、全视角的团队专业成长培育体系。可采取联席教学、集体备课及合作研发等方式，汇聚个人才干和集体智慧，提升成员在团队中的获得感与归属感。三是配套团队运行制度体系。创新需要一定的条件和制度作保障，出台团队岗位聘任标准、团队成员成果奖励办法、团队成员考核评价办法、团队成员动态调整等制度，构建"校企—二级学院—团队负责人"三级协同管理体制，对团队建设实行过程监控及目标管理，明确团队成员的绩效承诺。围绕团队建设目标任务，可从协作共同体建设、课程教学创新、团队教师能力建设、成果效益转化等方面开展团队建设项目绩效评价工作。在配套经费方面建立一定的绿色通道政策，给予创新团队较大的经费使用自主权，实现团队合作效益的最大化。四是营造特色团队组织文化。教学创新团队并非传统的科层组织，而是一种非正式的组织，为了共同的发展愿景而走到一起，因此须建立共同的精神家园。通过凝练体现专业特色、弘扬工匠精神、展示产教融合等团队文化，提升团队的内部凝聚力和教师的主观能动性。

　　教师是高职事业发展的第一资源，双师型教师队伍的建设，关键在于加快构建适应 X 证书发展需求的"双师型"教师个体成长与"双师型"教学团队。乘着职教改革的强劲东风，遵循高职教育类型属性要求和高职院校教师成长规律，通过打破学校教育与市场需求之间人才融通的阻隔，破解高职教师培养从知识到应用"最后一公里"难题，真正提升教师开展教育教学实践、职业技能培训、教育教学评价、项目协同攻关的能力以及团队协作能力，为实现职教现代化、提高复合型技术技能人才的培养培训质量提供强有力的师资保障。

第四节　高校师资培训工作现状与发展建议

　　高素质的教师是实现"以人为本"的办学目标的根本保证，也是实现"人才强国"的关键。在当前我国高等教育规模扩大的背景下，对人才的素质和标准提出了更高的要求，因而加强人才培养工作显得尤为重要。大学的教师培训对于提高人才培养的质量，推动高等教育的发展起到了非常关键的作用。但是，在培训的规划和组织方面，仍然存在着一定的问题，因此，我们需要改善工作的方式和策略，打造一只具有高尚师德、业务精湛、学术严谨、工作务实的优良教师队伍，从而为实施人才强国战略和创建创新型国家，提供可靠的人才保证。

一、加强高校师资培训的必要性

（一）加强高校师资培训是提升人才培养质量的根本保障

　　高素质的师资是高水平的人才培养的重要保障，但是从当前大学师资的整体水平上来看，高水平的师资比重偏低，缺乏具有丰富教学经历和社会工作经历的师资力量，特别是年轻的师资力量，缺乏与实际工作紧密联系的应用知识，这势必会对高水平的人才的培育产生不利的影响。所以，大学应该强化对师资的训练，让老师们因材施教，而不是一成不变的死记硬背，让学生们在每一节课程中都能够获得一定的知识和技巧，从而为提高人才培养的质量奠定基础。

（二）加强高校师资培训是建设创新型国家的有效途径

"十三五"（2016—2020年）时期，是我国建设创新型国家、完成"20世纪"的关键时期，经济、社会各方面的发展都离不开大学的科技创新，因此，通过教师培养来促进大学教师的科技创新，使优秀教师的科技创新服务于经济、社会发展的重要性与紧迫性越来越明显。

二、高校师资培训工作存在的问题

（一）师资培训的制度环境不够理想

当前，我国尚无专门的《继续教育法》，仅有《中华人民共和国教育法》《中华人民共和国教师法》《国务院关于加强教师队伍建设的意见》等对此作了一般性的规范。尽管教育部教师工作处在宏观层面上，对各个层次的大学中的教师教育管理和培训工作进行了全面的引导，但是一些下属的教育管理机构并没有给予足够的关注，无法将上级的工作要求贯彻下去，进而对培训的结果产生了不利的影响。据调查，59.4%的大学认为，在师资培养中，"资金不足排在首位"。一些大学为了组建一支能够跟学员人数相适应的师资队伍，不得不将有限的教师训练经费拿出来，以此来增加更多的教师，并引入更多的高层次人才。因此，师资训练经费的缺乏会对训练的结果产生很大的影响。

（二）培训内容缺乏针对性和实效性

在进行师资培训时，大部分大学都没有对其进行过深入的研究，有些大学只是简单地按照上级管理部门的要求去执行培训方案，这就造成了与老师们的真实需要不相符。就拿对年轻教师进行的岗前训练来说，目前大多数大学的岗前训练主要集中在高等教育学，高等教育心理学，高等教育法规概论，高校教师职业道德等四个方面，讲授的大多是理论性知识，而其中许多知识又与实践相分离，老师难以将其与实践相融合，这种简单粗暴的训练方法，效果都不理想。

（三）培训的功利性日渐突出

教师训练追求的是经济利益，背离了教育的本来面目。近几年，许多大学都制定了相应的政策，以激励大学的老师们去进修，这也是因为大学里老师们的教育水平，能够很好地通过大学的各种考核。年轻教师更关注的是在自己的职称评审和岗位聘任中是否有加分。许多老师只把训练看作是人生体验中必不可少的"点缀"，背离了自己的职业成长，训练的原意与目标之间的矛盾日益凸显。

三、提升高校师资培训工作水平的对策

（一）建立完善的法律法规体系，设立教师培训专项资金

鉴于目前师资培养所依赖的法律、法规尚不健全，迫切需要相关部门对大学师资培养方面的相关法律、法规进行修改并出台，构建严谨、科学的考核制度，将大学的职责划分清楚，让大学老师们有权参加培养，从而让大学师资培养工作更加有法可依。各个省市教育主管部门和高校应该建立培训专项经费，也可以通过使用社会资源来筹集培训资金，以解决师资培训基地建设不足、培训师资队伍配备薄弱等问题。

（二）从教师现实需求出发，开展有针对性和实效性的培训教育

因为专业背景、岗位需求和年龄层次的差异，高校教师的现实需求也存在差异，所以，在为教师进行培训的过程中，高校应该选择具有差异性的内容，在培训过程中将理论与实践、科研与教学等有机地融合起来，指导教师使用创新思维，捕捉到自己学科领域中的新讯息、新变化，对其知识结构进行优化，对其知识体系进行健全，对其教研能力进行提升。在培训过程中，除了要充分利用现有的培训形式之外，还应该将参与式培训、互联网＋创业创新管理技术的培训、多媒体技术培训等内容，都作为培训的主要内容。采用各种不同的训练方式，能够更好地激发出老师们的积极性，拓宽老师们的知识面，提升老师们的整体素养，并增强训练的针对性，这样才能保证训练的实效。

（三）淡化培训的功利性色彩，以促进教师专业发展为旨归

要正确处理好师资培养与学校发展之间的联系，把师资看作是决定学校发展的关键因素，把师资当作培养的出发点和归宿。在此基础上，提出了一种基于职业素

养的教师培养模式。要以此为契机推动师资培养，必须充分认识到师资培养的主体性，将师资培养转变为师资培养的"内在诉求"和"内在需要"，从而实现师资培养过程中从消极到积极的转变。只有以内部动力为前提，进行自主式的教学，才能达到良好的教学结果，从而使教学质量得到提升。

参考文献

[1] 徐颜. 心理学在人力资源管理工作中的应用探析 [J]. 经营管理者，2016：17-20.

[2] 李京华. 影响人力资源管理培训效果的因素分析 [J]. 现代工业经济和信息化，2016（21）：10-23.

[3] 徐凯. 人力资源管理在企业经营管理中的重要性 [J]. 现代经济信息，2016（21）：50-90.

[4] 陈芳. 事业政工与人力资源管理工作问题研究 [J] 产业与科技论坛，2016（34）：40-67

[5] 潘春梅. 人力资源管理中员工培训的重要性分析 [J]. 科技展望，2016（34）：20-50.

[6] 黎华. 地勘单位人力资源管理现状、问题及对策研究 [J]. 当代经济，2016（33）：70-90.

[7] 马俊. 员工视角的企业社会责任、人力资源管理与组织绩效关系实证研究 [D]. 天津：南开大学，2014.

[8] 李春梅. 如何使人力资源管理和财务管理实现双赢 [J]. 企业改革与管理.2016，（21）：148

[9] 杨浩，戴明月. 企业核心专长论—战略重塑的全新方法 [M]. 上海：上海财经大学出版社，2000，36-42.

[10] 吴长煌. 风险环境下的企业财务战略北京经济管理出版社，2003：46-52.

[11] 王华. 成本会计学 [M]. 上海：上海交通大学出版社，2012.

[12] 赵有生. 现代企业管理 [M].2 版. 北京：清华大学出版社，2006

[13] 梁少秋. 现代企业管理 [M].2 版. 南京：南京大学出版社，2010

[14] 周海娟. 现代企业管理 [M]. 北京：中国发展出版社，2011

[15] 张忠寿. 现代企业财务管理学 [M]. 上海：立信会计出版社，2013.

[16] 王化成. 财务管理 [M]. 北京：中国人民大学出版社，2013.

[17] 刘淑莲. 财务管理 [M]. 大连：东北财经大学出版社，2012

[18] 傅元略. 中级财务管理 [M]. 上海：复旦大学出版社，2007

[19] 刘益. 战略管理工具与应用 [M]. 北京：清华大学出版社，2010.

[20] 刘宝宏. 企业战略管理 [M]. 大连：东北财经大学出版社，2009.